跨境电商 Shopee实战

主编　钟景阳　张立群

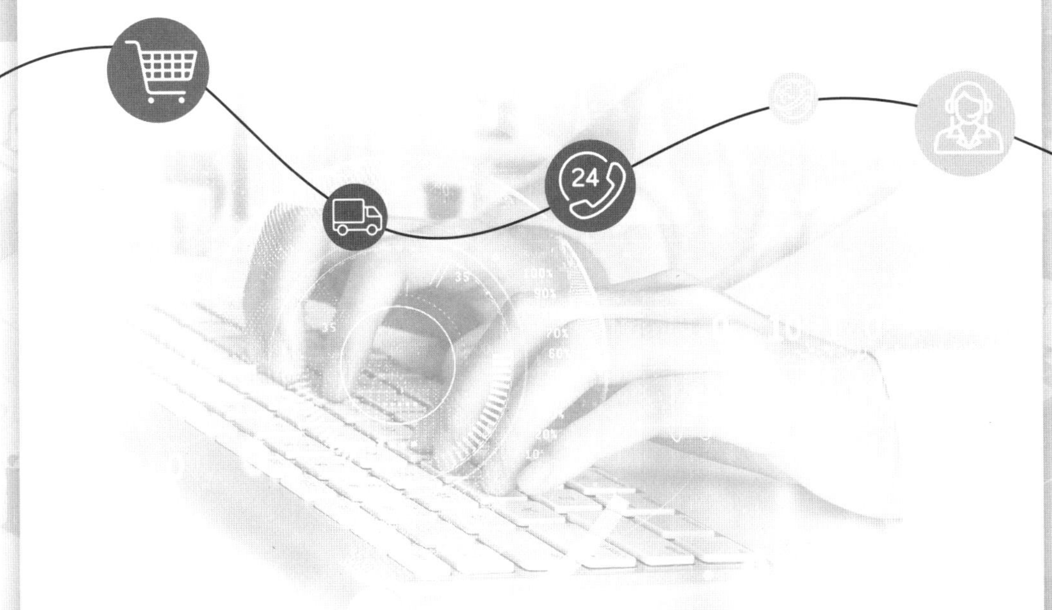

中国人民大学出版社
·北京·

推荐序

FOREWORD

随着各国政策和平台技术、供应链的不断完善，现在的电子商务早已从国内走向国际，掀开全球化的序幕。杭州一直是我国，乃至全球电子商务最活跃的城市之一，任何一个创新的做法，必然会在这个城市找到一群活跃的创业者。从淘宝创业开始，微商、直播、跨境电商，总能找到新的机会。

近年来，跨境电商成为电子商务细分领域最热门的方向之一，而代表区域跨境电商的 Shopee（虾皮）平台创业又是跨境电商创业热门的方向之一。

Shopee 电商平台覆盖新加坡、马来西亚、菲律宾、泰国、越南、巴西、墨西哥、哥伦比亚、智利等十余个市场，同时在中国深圳、上海和香港设立跨境业务办公室。2020 年 Shopee 总订单量达 28 亿个，同比增长 132.8%。

根据权威移动数据分析平台 App Annie，2020 年 Shopee 蝉联东南亚购物类 App 年度总下载量、平均月活数、安卓用户使用总时长三项冠军；2021 年第二季度，Shopee 跻身全球购物类 App 下载量第二及用户使用总时长第三，并获谷歌应用商店下载量第一。同时，Shopee 品牌影响力广泛，夺冠 YouGov 颁布的 2020 亚太品牌声量榜，并入榜全球最佳品牌榜第八，成为前十强中仅有的两大电商品牌之一。

针对 Shopee 平台创业，本书两位作者根据自己的实践经验，为创业者提供了宝贵的经验，值得大家认真研读。创业是有风口的，抓住机遇，也是成功的必要条件之一。

浙江省电子商务促进会会长 卢成南

2021 年 9 月于杭州

前 言

PREFACE

过去的 20 年，由于独特的零售业历史和人口基数，我国的电子商务市场成为世界电子商务领域的领先者。越发成熟的消费者、快速创新的供应链、层出不穷的整合营销手段、庞大的交易量缔造了一个又一个商业奇迹。2020 年 5 月，中共中央政治局常委会会议首次提出“深化供给侧结构性改革，充分发挥我国超大规模市场优势和内需潜力，构建国内国际双循环相互促进的新发展格局”。之后，“新发展格局”在多次重要会议中被提及。简而言之，国内贸易、对外贸易需要双管齐下。中国经验肯定可以复制到其他地区，跨境电商是一个非常值得探索的方向。

2021 年 3 月 12 日，拥有 1 500 万左右活跃用户、立足本国的韩国电子商务巨头 Coupang 公司登录纽约证券交易所，开盘当日股价收涨超 40%，市值达 840 亿美元。可以预测聚焦区域的电商仍有很大的机会，东南亚地区拥有广泛的想象空间。

Shopee 是新加坡上市公司 Sea Group（NYSE：SE）旗下的电商业务产品，Sea Group 的核心业务主要有三部分：Garena, Shopee 和 AirPay。2015 年 6 月开始启用 Shopee App。Shopee 一开始专注于 C2C，2016 年 10 月，拓展 B2C 业务。目前，Shopee 拥有 2 亿多用户，在马来西亚、泰国、印度尼西亚、越南及菲律宾等东南亚市场以及中国台湾地区建立了广泛的认知度。东南亚的电商市场处于高速发展阶段，随着电商基础设施（物流、支付、供应链）的完善，占据先发优势的 Shopee 营收规模会持续扩大。

本书主要由 Shopee 官方认证的高阶培训合作机构——千鸟跨境提供内容支持。基于累计开展跨境电商孵化培训 400 多场的经验，千鸟跨境在帮扶卖家提高运营技能、为跨境行业培养素质人才方面做出了一些成绩。

本书基于 Shopee 跨境电商业务开展全过程，设置了七章内容，具体包括：开店认知、Shopee 入驻相关、Shopee 平台运营思路、后台使用介绍及基础设置、商品分类和店铺装饰、平台规则及订单相关、第三方辅助工具使用。本书在章节逻辑和体系结构上遵循循序渐进的思路，通过详细的操作讲解和深入的规则解读，帮助学习者掌握相关知识和技能，通过 Shopee 获得商机。每章篇首都安排了“本章概述”和“学习目标”；正文部分基于案例操作叙述内容；每节都设置了“实战训练”，以供读者检测学习效果，进一步巩固所学知识，真正做到学以致用。本书第 1 章至第 4 章由钟景阳编写，第 5 章至第 7 章由张立群编写；全书由钟景阳、张立群进行了统筹和修改。本书适合 Shopee 平台创业者、高等职业院校学生使用。

由于编者水平和经验有限，书中难免有欠妥和不足之处，恳请读者批评指正。

编者

2021 年 8 月于杭州

目录
CONTENTS

第1章 开店认知

本章概述：

本章主要通过数据说明了印度尼西亚、新加坡、菲律宾、越南、马来西亚、泰国等国家和地区市场规模，介绍了东南亚电商市场特点、Shopee公司的发展历程，重点提及了Shopee店铺的开设流程和技巧。建议读者带着问题阅读本章内容。

学习目标：

了解东南亚电商市场特点，了解Shopee公司发展历程，掌握Shopee店铺开设流程。

 1.1 跨境电商 B2C 市场简析

1.1.1 跨境电商行业动态

2015 年 6 月 20 日，国务院办公厅印发《关于促进跨境电子商务健康快速发展的指导意见》(以下简称《意见》)。这是新形势下，促进跨境电子商务加快发展的指导性文件。《意见》体现了“在发展中规范，在规范中发展”的总体原则，明确了跨境电子商务的主要发展目标，既普遍支持国内企业利用电子商务开展对外贸易，又突出重点，鼓励有实力的企业做大做强。特别是提出要培育一批公共平台、外贸综合服务企业和自建平台，并鼓励国内企业与境外电子商务企业强强联合。

《国务院办公厅关于促进跨境电子商务健康快速发展的指导意见》
(国办发〔2015〕46 号)

2020 年 4 月 7 日，国务院常务会议决定新设 46 个跨境电商综合试验区，加上已经批准的 59 个，全国将拥有 105 个跨境电商综合试验区，已经覆盖了 30 个省区市，从而形成陆海内外联动、东西双向互济的发展格局。

从广义的概念来讲，跨境电商基本等同于外贸电商。是指分属不同关境的交易主体，通过电子商务的手段将传统进出口贸易中的展示、洽谈和成交环节电子化，并通过跨境物流送达商品、完成交易的一种国际商业活动。可借助计算机网络达成交易、支付结算，并采用快件、小包等邮寄的方式，通过跨境物流将商品送达消费者手中的交易过程，实际上基本等同于跨境零售。它的基本特点是：传统企业进入、产业链完善、品牌化的开启、市场覆盖面广、终端消费快捷且高效。其实现路径为：生产制造厂家→跨境电商平台→外国网商→外国消费者或生产制造厂家→跨境电商平台→外国消费者。其功能完全颠覆了传统的外贸路径，即生产厂家→出口商→外国进口商→外国批发商→外国零售商→外国消费者。

传统外贸增速放缓，跨境电商异军突起，正逐渐成为对外贸易新的增长点。跨境电

商缩短了传统的供应链，有效降低了中间环节成本。有关专家认为："中小微企业借助跨境电商平台参与全球贸易，直接面对客户个性化需求，有助于从全球价值链中低端向中高端攀升"，这与"中国制造"转型升级的大方向相符。

实战训练

上文中提到跨境电商平台类型问题，有的平台直接面向外国消费者，有的平台则面向外国网商。在实际的应用中，怎样将两类平台为你所用？罗列几个常见的平台。

1.1.2 跨境电商行业发展趋势解析

随着经济全球化的发展，全球贸易往来日益频繁，各国经济交流逐渐增多，跨境电商已然成为贸易主流，走在时代前沿。消费者只要通过网络，就能轻松"全球购"，享受来自各国的优质产品。自改革开放以来，随着我国对外开放政策的实施以及经济贸易全球化的态势，各相关部门陆续出台实质性的利好政策，在《电子商务法》的保驾护航下，我国跨境电商行业得以快速发展，迎来红利期。

在大政策的影响下，为促进发展，我国政府有关部门对跨境电商支持力度也愈加明确，主要表现为跨境电商相关法律制度不断完善，监管体系逐步健全，通关效率不断提高，贸易便利化水平不断提升。2019 年 3 月 5 日，第十三届全国人民代表大会第二次会议在人民大会堂举行开幕会，李克强总理做政府工作报告。他指出，将改革完善跨境电商等新业态扶持政策，推动服务贸易创新发展，引导加工贸易转型升级。

跨境电商未来的发展趋势：一是销售市场更加多元化，逐步向多品类、新兴市场渗透；二是交易结构发生了根本变化；三是交易渠道得到了改善，移动端成为跨境电商发展的重要推动力；四是产业生态完善，各环节协同发展。

国家进一步完善对外开放的政策，提出了"一带一路"倡议，鼓励出口贸易，这对跨境电商来说是很好的机遇。除了国家的政策支持，东南亚各国市场本身对产品的供不应求，使得跨境电商的发展速度不断加快。在政策的支持下，未来几年，跨境电商红利期依旧存在，定会以黑马之姿快速发展。

1.2 跨境电商 B2C 主流平台介绍

1.2.1 Amazon 介绍

亚马逊（Amazon）是美国最大的一家网络电子商务公司，总部位于华盛顿州西雅图。亚马逊成立于 1995 年，是网络上最早开始经营电子商务的公司之一，一开始只经营网络的书籍销售业务，现在则扩展了范围相当广的其他产品，已成为全球商品品种最多的网上零售商之一和全球第一大互联网企业。亚马逊公司旗下有 Alexa Internet、A9、Lab126 和互联网电影数据库（Internet Movie Database，IMDb）等子公司。

2017 年 3 月 29 日，亚马逊宣布关闭旗下 Quidsi 部门，原因是无法让它旗下的 Diapers.com 和 Soap.com 两个电商网站实现盈利。2018 年 5 月 11 日，亚马逊正式上调 Prime 包年会员费，从之前的 99 美元上调到 119 美元。2019 年 4 月 18 日，亚马逊中国正式对外宣布，于 7 月 18 日停止为亚马逊中国网站上的第三方卖家提供卖家服务，但保留跨境贸易、全球开店、云计算、Kindle 等业务。2020 亚马逊全年销售额近 4 000 亿美元。

在 2020 年，亚马逊瑞典站、沙特阿拉伯站均全面向中国卖家开放注册。目前，亚马逊对中国卖家开放的海外站点共有 17 个，分别为美国、日本、加拿大、墨西哥、英国、德国、意大利、西班牙、法国、荷兰、澳大利亚、阿拉伯联合酋长国、印度、新加坡、瑞典、沙特阿拉伯、波兰。客户为会员制，市场主要以欧美为主，属于跨境电商中最高端的平台，利润高，国内卖家以 FBA 物流发货为主。

1.2.2 eBay 介绍

eBay（中文名亿贝、易贝）是一个可让全球民众上网买卖物品的线上拍卖及购物网站，是一个外贸 B2C 的平台，早期是一个拍卖平台，主要销售电子产品、服饰、汽车配件等。eBay 于 1995 年 9 月 4 日由 Pierre Omidyar 以 Auctionweb 的名称创立于美国加利福尼亚州圣荷西。人们可以在 eBay 上通过网络出售商品。

该平台红利期在 2007 年、2008 年左右，2018 年交易额达 950 亿美元，主要市场在欧美，有海外仓和国内直发两种。2019 年 7 月，全球上市互联网 30 强榜单发布，eBay 排名第 18 位。2020 年营收近 103 亿美元，同比增长 19%。

1.2.3 Wish 介绍

Wish 号称是手机上的亚马逊，是基于手机 App 上的跨境电商平台。2011 年成立于美国旧金山硅谷；2013 年加入商品交易系统，进入外贸电子商务领域；2013 年 12 月年经营收益超过 1 亿美元；2014 年 2 月在中国成立全资子公司。

Wish 以 B2B、B2C 垂直类销售模式为主。主要针对手机移动端的客户，市场主要分布在北美地区，其中在美国市场人气最高。个人和公司均可注册，2018 年 10 月起需要交 2 000 美元押金、营业额 15% 的佣金。2019 年后罚款政策逐渐增加，新手试错成本较高。Wish 97% 的订单量来自移动端，App 日均下载量稳定在 10 万，峰值时冲到 20 万。在 2017—2019 年，Wish 还连续 3 年摘得全球下载量最高购物类 App 的桂冠，截至 2020 年底用户数已经突破 4 700 万。在 2020 年到 2021 年，Wish 发布了很多和海外仓相关的政策，随着跨境电商需求集中爆发，如何抢先对手一步更早地为用户提供产品及服务将是 Wish 2021 年出海取胜的关键。

1.2.4 Shopee 介绍

Shopee 成立于 2015 年 11 月，覆盖新加坡、马来西亚、菲律宾、中国台湾、印度尼西亚、泰国、越南、巴西、墨西哥九大市场。同时，Shopee 在中国深圳、上海和香港地区设立了办公室。Shopee 2018 年商品交易总量（Gross Merchandise Volume, GMV）达到 103 亿美元，同比增长 149.9%，是东南亚与中国台湾领航电商平台。

2019 年 Shopee GMV 达到 176 亿美元，同比增长 71%，App 下载量超过 2 亿，员工遍布东南亚，人数超 8 000 人。根据权威移动数据分析平台 App Annie 统计，Shopee 在 2019 年连续两个季度夺得东南亚地区购物类 App 访问量、下载量、月活量三冠王。

Shopee 中国跨境业务表现亮眼，单量涨幅屡屡跑赢大盘。2019 年“11·11”与“12·12”大促期间，跨境卖家单量较平日攀升 9 ～ 10 倍。Shopee 为中国卖家提供自建物流 SLS、小语种客服和支付保障等解决方案，卖家可以通过平台轻松触达东南亚及中国台湾市场。2018 年下半年起，Shopee 平台实现跨越式增长，但中国卖家仅在 10 万以下，目前仍在大力招商中，发展潜力巨大。2019 年 6 月，Shopee 与杭州市达成战略合作，构建数字丝路“新杭线”，同年 10 月 Shopee 宣布开放巴西市场。到 2020 年，Shopee 一共拿下 28 亿个订单，GMV 高达 354 亿美元。

1.2.5 Lazada 介绍

Lazada（中文名来赞达）成立于 2012 年，是东南亚地区在线购物网站之一。获得德国创业孵化器 RocketInternet 桑威尔兄弟（SamwerBrothers）支持。Lazada 的目标市场主要是印度尼西亚、马来西亚、菲律宾以及泰国，以东南亚为核心支点，是 Shopee 的竞争对手。

2014 年，公司营收为 1.543 亿美元，净运营亏损达到 1.525 亿美元。

2016 年 4 月，阿里巴巴集团宣布拟通过向新股支付 5 亿美元收购 Lazada 的控股权，并向现有投资者购买价值 5 亿美元的股份。

2020 年 6 月，原 Lazada 印度尼西亚 CEO 李纯出任 Lazada 集团 CEO 职务，原集团首席执行官皮尔调任阿里巴巴集团董事会主席兼首席执行官张勇的特别助理。

在 2020 财年，Lazada 在井喷式订单量的推动下，其市场业务呈现强劲增长势头，订单量同比增长超过 100%。Lazada 在整个东南亚推出了刺激计划，以帮助中小型企业开展在线业务。

实战训练

判断本节中提到的跨境电商平台是直接面向消费者，还是面向网商？请分别说明。通过使用不同平台 App 或网站，看看有什么不同。

1.3 东南亚市场分析

东南亚与中国台湾地区市场繁荣，民众购物需求旺盛（见表 1-1）。根据 2019 年 10 月谷歌和淡马锡发布的东南亚互联网经济报告，预计 2025 年，东南亚电商市场规模将达 1 530 亿美元。2018 年，东南亚整体电商销售额占整体零售额的比重仅 1% ～ 2%，中国电商占社会消费品零售总额达 18.4%，可见东南亚网购市场发展空间巨大。

2018 年 11 月，谷歌和淡马锡发布的东南亚互联网经济报告完整版

http: //www.199it.com/archives/946834.html

表 1-1 东南亚与中国台湾地区市场样貌

国家或地区	人口	移动用户占比	人均 GDP
印度尼西亚	2.68 亿	67%	3 900 美元
新加坡	570 万	82%	57 700 美元
菲律宾	1 亿 800 万	58%	3 000 美元
中国台湾	2 360 万	86%	25 500 美元
越南	9 660 万	73%	2 300 美元
马来西亚	3 275 万	68%	10 300 美元
泰国	6 950 万	80%	6 600 美元

资料来源：作者根据相关数据整理。

1.3.1 越南市场分析

越南总人口约 9 660 万，相对其他国家来说，经济并不发达，消费水平低于其他国家，而且商品上架有诸多品类限制，因此进入越南市场的人很少，目前还是蓝海。

1.3.2 泰国市场分析

泰国总人口约 6 950 万，有很大的市场潜力，但是泰国主要说的是泰语，对中国卖家来说，有比较大的语言限制，操作起来相对于其他站点有一定难度。因此，站点竞争小，机会大。

1.3.3 马来西亚市场分析

马来西亚总人口约 3 275 万，大多信奉伊斯兰教；大多数民众有过网购经验，而且男女差别不大；网购用户主要集中在 26 ～ 35 岁，其后是 18 ～ 25 岁，并且网购者多为中低收入者。全年的平均气温在 26 摄氏度到 30 摄氏度，雨季为每年的 3 月到 6 月份以及 10 月到次年的 2 月。

马来西亚市场有以下特点：

1）人口结构年轻化。40 岁以下人口占比约为 70%，且中产阶级人口在迅速增长。

2）消费者群体多元化。2018 年男性消费者数量翻升约 3 倍，所带来单量的月均复合增长率达 9.5%。男性消费者更青睐于购买客单价较高的商品，所贡献的 GMV 年底较年初增长 158%。

3）民族语言多样，宗教色彩浓厚。消费者信仰及文化存在差异，电商卖家需遵守相关的宗教文化及禁忌。

4）电商消费场景碎片化。互联网的渗透跳过了 PC 阶段，直接进入移动设备阶段。因此东南亚网民对手机等移动设备更为依赖，电商消费场景更趋碎片化。

5）GDP 持续增长。2020 年，GDP 达到 3 180 亿美元，预计未来十年将保持年增长率 5.3%，人均 GDP 为 1.03 万美元。

6）线下零售业不发达。偏远地区消费者缺乏购物渠道，为电商行业发展带来机会。

1.3.4 新加坡市场分析

新加坡是东南亚最重要的金融中心和国际贸易中转站，被誉为“亚洲四小龙”之一。新加坡总人口约 570 万，以服务业、金融业、科技业、航运业、物流业、旅游业为主，并积极发展高科技和教育，民众消费水平较高，客户素质较高。新加坡有着极高的互联网和智能机普及率，是东南亚最为成熟的电商市场。新加坡消费水平较高，适合做高利润商品。

1.3.5 菲律宾市场分析

菲律宾总人口约 1 亿 800 万，市场潜力大。第二次世界大战结束后，菲律宾再次沦为美国殖民地，因此受到美国文化影响比较大。相比于马来西亚、印度尼西亚等国家，菲律宾民风相对开放，对欧美风格的商品接受度比较高，上架链接可以直接使用英文，即时聊天大多用的也是英文。现阶段进场的卖家比较少，与马来西亚和中国台湾相比，现阶段竞争相对较小，进入后可获得稳定的利润。

1.3.6 印度尼西亚市场分析

印度尼西亚总人口约 2.68 亿，消费潜力巨大，被认为是全球最有前途的电子商务市场之一，这得益于年青一代将偏好转向网购。与马来西亚市场需求相似，穆斯林用品有很大市场。据 Google-Temasek 2018 年的研究显示，2017 年印度尼西亚的互联网经济规模达到 270 亿美元，2025 年有望增长到 1 000 亿美元。

上架商品时可结合使用印度尼西亚语和英语。官方货币为印尼卢布，卖家在定价时要看清楚小数点，不要定错价。

1.3.7 中国台湾地区市场分析

中国台湾地区总人口约2 360万，作为曾经的“亚洲四小龙”之一，经济比较发达，消费水平比较高，互联网覆盖率高。货币为新台币，商品上架使用语言为繁体中文，是Shopee主力站点之一，比较适合内贸卖家。

1.3.8 其他市场分析

巴西在南美洲，不在东南亚市场研究范围内，但巴西站是2020年Shopee的新开站点，此处做简要介绍。巴西总人口约2.1亿，白种人占53.74%，黑白混血种人占38.45%，黑种人占6.21%，黄种人和印第安人等占1.6%。巴西是南美洲面积最大和人口最多的国家，官方语言是葡萄牙语。巴西目前是世界上第九大电商零售市场，是拉丁美洲唯一位列全球前十的零售电商市场。Shopee平台目前对巴西站有各种流量、品类扶持，有机会的卖家可以尽快入局。

实战训练

根据你经营的产品，你会优先选择哪个国家或地区？请给出理由。

1.4 Shopee东南亚发展历程及平台概况

1.4.1 Shopee发展历史

Shopee隶属于母公司Sea Group（前身是Garena），是目前东南亚及中国台湾地区的互联网企业。Sea Group名称由来是因为扎根于拥有超6亿人口的东南亚地区。

Sea Group由华人创业家李小冬于2009年创立于新加坡，覆盖新加坡、马来西亚、菲律宾、越南、印度尼西亚、泰国、中国台湾地区等市场。旗下包括全球领先的网络游戏制作与发行方Garena、电商平台Shopee与东南亚地区发展最快的电子金融服务商之一SeaMoney。Sea Group于2017年10月在纽约证券交易所上市，是首间于纽交所上市的东南亚互联网企业。

2015年，Shopee作为Sea Group旗下的电商业务平台，于新加坡成立，后拓展至马来西亚、泰国、印度尼西亚、越南及菲律宾等市场。

2016 年，Shopee 进入中国，并于深圳设立总部，全面开启中国跨境业务。

1.4.2 Shopee 平台介绍

Shopee 平台商品种类主要包括电子消费品、家居、美容保健、母婴、服饰及健身器材等。

Shopee 社群媒体粉丝数量超过 3 000 万，拥有 700 万活跃卖家，员工超 8 000 人，遍布东南亚及中国，是东南亚发展最快的电商平台，也是国货出海东南亚的首选平台。

Shopee 自成立起，一直保持快速成长。2018 年，Shopee GMV 达到 103 亿美元，同比增长 149.9%。2019 年第一季度，Shopee 季度 GMV 同比增长 81.8%，总订单数同比增长 82.7%，App 下载量超过 2 亿。

App Annie 的《2019 年移动市场报告》显示，2018 年 Shopee 在全球 C2C 购物类 App 中下载量排名第一；iPrice Group 2019 年第一季度报告显示，Shopee 凭借 PC 端和移动端共 1.84 亿次访问量，成为 2019 年第一季度东南亚地区访问量最大，且唯一流量呈正增长的电商平台。

Shopee 于 2016 年 1 月在深圳和香港设立办公室，开展跨境业务，为中国跨境卖家打造一站式跨境解决方案，提供流量、物流、孵化、语言、支付和 ERP 支持。2017 年 7 月设立上海办公室，服务华东市场。2019 年 4 月，与厦门市达成战略合作意向，于厦门落成全国首个 Shopee 跨境孵化中心，增设福建转运仓。同年 6 月，与中国（杭州）跨境电子商务综合试验区签署合作备忘录，达成战略合作，发布区域基建、人才发展及产业集群构建等战略合作举措。2020 年 6 月，Shopee 义乌运营中心正式开业，完善了 Shopee 在义乌的整合运营服务，与前期的仓储物流、人才孵化服务协同发力，持续深耕义乌。2021 年 2 月，原依图科技 CTO 颜水成离职，加入 Shopee。同年 3 月，Shopee 于 YouGov 颁布的亚太品牌声量榜夺冠，并在“全球 BEST 品牌榜单”位列第八。

1.4.3 Shopee 八大市场概况

1. 越南市场

热卖产品为：3C 电子、母婴用品、家居用品、女装、时尚饰品，每天上午下单人数较多。

重点类目为手机及配件、美妆、时尚配饰、女装、家居用品、消费电子产品、童装、玩具。手机壳、充电器、数据线、手机膜是热销商品；北欧风的桌布、装饰用品、餐厨用品、照明用品也是越南人关注的热门产品；唇部彩妆、眼部彩妆、护肤用品是大促爆品；此外，围巾、袜子、手套子品类季节性商品明显受到买家喜爱。

2. 泰国市场

热卖产品为：3C 电子、母婴用品、女装、家居用品、美妆保健。下单时间集中在 13:00—15:00。

2018 年，泰国的电商市场规模达到 35.4 亿美元，预计 2018—2022 的年均复合增长率为 13.2%，并在 2022 年达到 58.3 亿美元。与其他东南亚国家类似，泰国周末手机网民用户数量较平日更多。

3. 马来西亚市场

热卖产品为：3C 电子、女装、母婴用品、家居用品、美妆保健。下单人数最多的时间在 14:00—16:00。3C 类目是主力，消费者更看重性价比，时尚商品以及宗教相关的产品也有较大市场。

作为东南亚最具活力的数字生态系统之一，这几年来马来西亚的互联网和智能手机渗透率不断提高，数字消费者也不断增多，国际玩家不断进入马来西亚的电商市场，同时占据最大的市场份额。随着电商数量的爆发式增长，市场竞争也在不断加剧，马来西亚已经成为非常具有吸引力的电子商务市场之一。

4. 新加坡市场

热卖产品为：3C 电子、女装、家居用品、母婴用品、美妆保健。每天 20:00 至 00:00 下单人数最多。

5. 菲律宾市场

热卖产品为：3C 电子、家居用品、女装、母婴用品、美妆保健，下单时段较分散。

美妆、母婴用品、手机周边品类玩具、女童服装和纸尿布是最畅销的子类目，色彩丰富的儿童用品，如童鞋、水杯和智能手表在菲律宾十分流行；婴儿服饰和哺乳类商品的销量也相当不错；护肤品、唇膏和美妆工具等是最受欢迎的子类目；手机配饰、电源、充电器及便携式音箱是值得大家关注的子类目。

6. 印度尼西亚市场

热卖产品为：母婴用品、3C 电子、美妆保健、时尚饰品、女装。每天 10:00 到 12:00 下单的人数最多，21:00 过后下单人数开始减少。

7. 中国台湾地区市场

热卖产品为：女装、3C 电子、家居用品、时尚饰品、箱包制品。每天 20:00 至 00:00 下单人数最多。

时装、居家生活用品和母婴用品是热销品类。时装品类的主要消费群体是 18 ～ 30 岁的女性；居家生活用品方面，入驻商家可以尝试一些台湾民众比较认可但很少或没有卖的品牌，并且需要保证商品质量；母婴用品则较大地受到网络的影响，入驻商家可多了解台湾当地的市场趋势，关注名人效应带动的社群讨论，挑选最对台湾妈妈胃口的产品。

8. 巴西市场

1）市场潜力大。巴西自然条件极佳，国土面积居世界第五，人口总数超过 2 亿。巴西作为世界第八大经济体，是“金砖”五国之一，也是世界上发展经济最快的发展中国家之一。

2）电子商务市场发展势头良好。近年来，巴西政府大力建设电子商务基础设施，使得电商的快速发展有了可能。巴西的互联网用户已经超 1 亿，为电子商务市场的快速发展创造了条件。

3）本地物价高。网上的价格较比本地价格低了很多。尽管到货时间较长，甚至被海关征了税，但是跟本地价格相比还是划算的。

实战训练

假如你是中国大陆的卖家，拟选择在中国台湾地区做 Shopee 店铺，请拟订一份简要的季度运营计划。

第2章

Shopee 入驻相关

本章概述：

本章主要介绍 Shopee 平台入驻的相关规则，包括开店的基本政策。建议读者带着问题阅读本章内容。

学习目标：

了解 Shopee 平台相关入驻规则，了解自己开店需要经历的相关流程，学会准备开店的相关资料。

2.1 Shopee 平台开店政策

2.1.1 Shopee 平台入驻及相关准备

Shopee 官方网站提示，Shopee 是一个免费入驻的平台，不收取任何入驻费用。卖家需以自己真实的信息入驻，切勿相信及使用黄牛或者付费机构提供的任何信息和资料，避免因为信息不真实导致无法入驻。

1. 入驻要求

1）拥有中国内地或香港注册的合法企业营业执照；

2）产品符合当地出口要求及当地进口要求；

3）有 3 个月以上跨境电商经验及产品数量达 100 款以上。

2. 入驻资料准备

1）企业营业执照、法人身份证；

2）其他跨境电商平台店铺近 3 个月的订单或资金流水截图（提供整体数据，无须精细到每天）；

3）ERP 或系统后台的产品数量截图；

4）确保文件在有效期内；

5）可在 Shopee.cn 在线申请。

3. 提前了解事项

1）《拟上新商品数据表》。通过浏览 Shopee 各市场网站及 App，并进行同类商品分析，挑选出符合东南亚及中国台湾市场需求，且匹配各市场价位区间的商品。建议用表格或系统记录商品的重量、包裹后重量、采购价等信息，便于后续 Shopee 多站点快速搬家时使用。

2）与供应商沟通确认货源稳定性。不管是线上采购还是线下采购，均需要与供应商进行沟通，确认货源稳定性，并备好一定库存，以确保出单后能发出货且发货速度快。如果卖家的综合服务表现差，如出单但常缺货、发货速度慢、卖家因缺货取消订单等，将得不到 Shopee 客户经理的长期支持。

3）支付工具准备（见图 2-1）。

图 2-1　支付工具

4. 发货准备

打印机：淘宝直接搜速卖通等快递单打印机。面单打印属性设置见图 2-2、图 2-3。

图 2-2　面单打印属性设置（1）

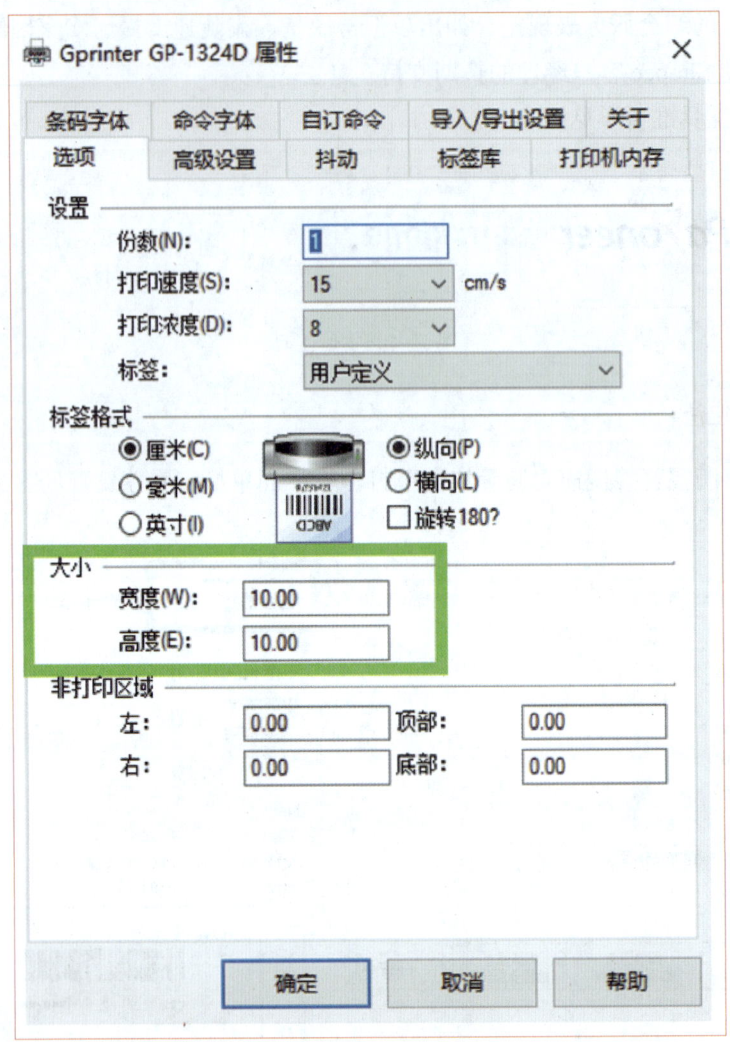

图 2-3　面单打印属性设置（2）

面单信息构成见图 2-4。面单制作规范要求见第 6 章相关内容。

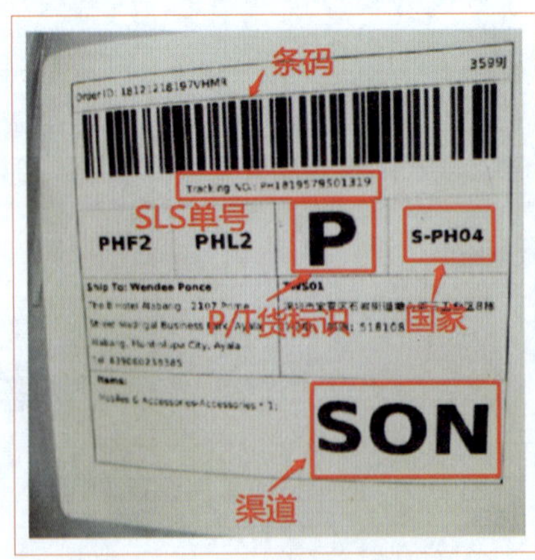

图 2-4　面单信息构成

2.1.2 Shopee 卖家注册及入驻流程

新店入驻需要经历四个步骤：线上创建主账号、线上店铺申请、资质审核、新店任务等。可以通过官方网站进行注册申请。线上创建主账号前要准备好资料，并提交。具体如下：

	Shopee 官方卖家注册及入驻流程 （2020/1/17 更新）

1. 注册前需准备的资料

执照（个人执照只能申请注册中国台湾站点，公司执照可申请注册中国台湾或马来西亚站点）；

手机号（接收 021 开头审核电话、注册店铺接收验证码）；

QQ 号 /QQ 邮箱（接收邮件、通过邮件提交审核材料、通过邮件对接客户经理、确保邮箱可以正常接收邮件）；

店铺链接以及 3 个月流水（中国台湾为内贸流水：淘宝、拼多多、1688 等；马来西亚为跨境流水：Wish、亚马逊等）。

2. 入驻流程

[准备资料] → [提交申请信息] → [电话审核（021 开头）] → [收到两封邮件] → [提交审核资料] → [店铺验证 / 视频验证] → [审核通过] → [收到开店邀请]。

2.1.3 卖家入驻指南：如何注册主账户

1. 收到邮件，点击相关链接进入

具体见图 2-5、图 2-6。

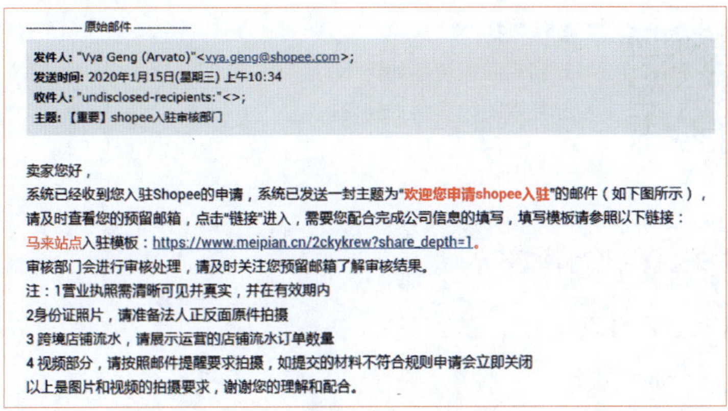

------------ 原始邮件 ------------

发件人: "Vya Geng (Arvato)"<vya.geng@shopee.com>;
发送时间: 2020年1月15日(星期三) 上午10:34
收件人: "undisclosed-recipients:"<>;
主题: 【重要】shopee入驻审核部门

卖家您好，
系统已经收到您入驻Shopee的申请，系统已发送一封主题为"欢迎您申请shopee入驻"的邮件（如下图所示），请及时查看您的预留邮箱，点击"链接"进入，需要您配合完成公司信息的填写，填写模板请参照以下链接：
马来站点入驻模板：https://www.meipian.cn/2ckykrew?share_depth=1。
审核部门会进行审核处理，请及时关注您预留邮箱了解审核结果。
注：1营业执照需清晰可见并真实，并在有效期内
2身份证照片，请准备法人正反面原件拍摄
3 跨境店铺流水，请展示运营的店铺流水订单数量
4 视频部分，请按照邮件提醒要求拍摄，如提交的材料不符合规则申请会立即关闭
以上是图片和视频的拍摄要求，谢谢您的理解和配合。

图 2-5 官方入驻反馈邮件

欢迎您申请Shopee入驻：

请申请的卖家点击链接提交资料↓↓↓
https://seller.sg.shopee.cn/registration/information-collection/?lead_token=HkUGWdTplynscSWz%2F0DPxv4g8ZRLay6rVPszTQYdPf9OtzvRv44Quisbrx%2Bsan7m

请点击下面的链接了解资料详情和样本：
马来：https://www.meipian.cn/2ckykrew?share_depth=1　点这个链接填写审核资料
台湾：https://www.meipian.cn/2ce7dy2x?share_depth=1

注意：
申请要求分为内贸卖家和外贸卖家，内贸卖家根据台湾的模板提交且首站开台湾站点，外贸卖家根据马来的模板提交且首站开马来，如果内贸和外贸都有的卖家，可以按照自己的需求选择一个。
1. 链接唯一且不能转发，如果转发所有后果自负。
2. 内贸卖家还需要额外的店铺验证通过后才能开店，如果资料完整会收到审核人员的邮件告知需要验证的商品，需要再次在表单中提供验证商品的后台验证截图，请及时查看邮箱避免耽误审核时间。
3. 审核时效：点击提交成功后，非繁忙时段三个工作日内会有邮件回复审核结果，繁忙时段五个工作日内会有邮件回复审核结果。
4. 资料内容务必正确完整，请仔细检查后提交，提交后非审核人员重新开启否则无法修改。
5. 暂时还不能选择除马来、台湾的其他站点，时间待定，如果开放以后申请首站例如PH、SG等资料要求同马来。
6. 一个公司首站只能开一个店铺，如果系统检测与其他申请或者账户存在关联就会直接关闭申请，请勿咨询重复的原因，系统自动查重无法得知原因。
7. 此邮件是系统邮件，无法接收回复邮件，请勿回复。

Shopee开店审核团队

图 2-6　官方入驻反馈邮件详细说明

请扫描下面的二维码了解资料详情和样本。

首站开通马来西亚站点资料填写教程：

教程包括：
1. 初审阶段资料如何填写
2. 复审阶段资料如何填写
https: //docs.qq.com/doc/DYZqbFI3RE9kSExS

首站开通中国台湾站点资料填写教程：

教程包括：
1. 初审阶段资料如何填写
2. 复审阶段资料如何填写
https: //docs.qq.com/doc/DYWpNQ05GR1NSZlpM

2. 提交相关资料进行审核

（1）填写联系人信息

联系人姓名、联系人职位、联系人邮箱、联系人手机号、联系人 QQ。上述信息需要与自己申请店铺时的信息保持一致，填写完成之后点击下一步（见图 2-7）。

图 2-7　入驻申请记录（1）

（2）填写公司信息

营业执照公司名称、统一社会信用代码、目前主要经营平台、营业执照原件照片、法人手持身份证照片。上述信息需根据实际情况填写，完成之后点击下一步（见图 2-8）。

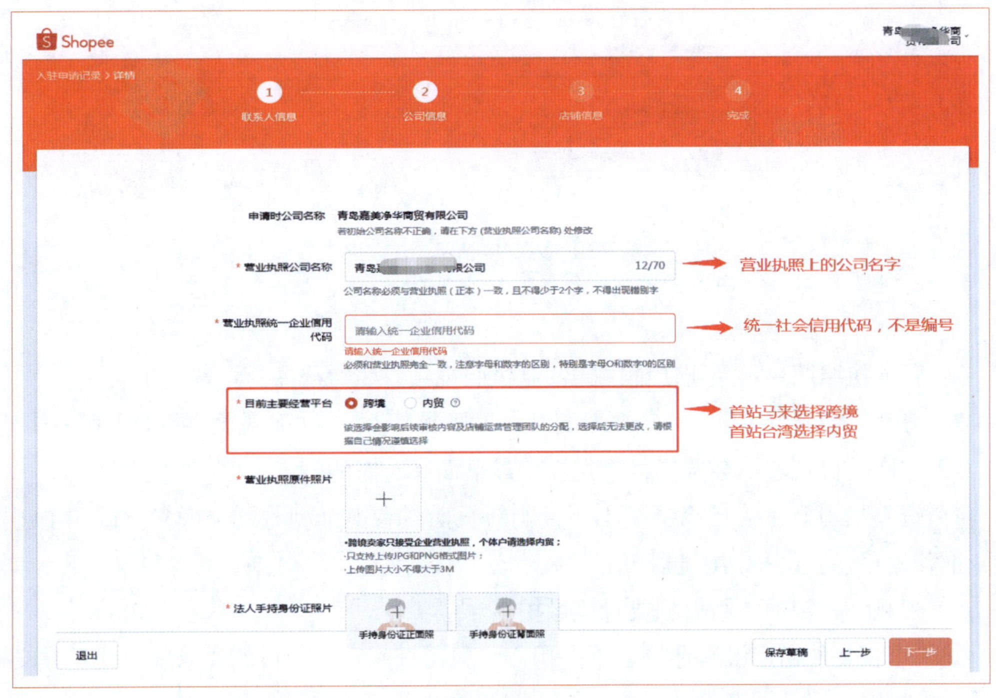

图 2-8　入驻申请记录（2）

（3）店铺信息

主要品类：根据自己提交的流水信息填写；

次要品类：根据自己提交的流水信息填写；

平均商品单价：需要换算成美元；

其他平台 Listing 数量：店铺产品数，基本 200 ～ 1 000 居多；

其他平台日单量：根据店铺实际情况填写；

主要货源渠道：根据实际情况填写，一般从线上货源网站采购；

退货地址：可填办公地址或居住地址；

以上信息填写确认无误后，点击提交即可（见图 2-9）。

图 2-9　入驻申请记录（3）

审核资料填写注意点：

1）营业执照照片：注册店铺中的营业执照视频、照片统一为正本；

2）统一社会信用代码：一定要看清楚，不要漏写，数字 0 和英文字母 O 要区分清楚；

3）主次类目：若不会选择，拉到文档最下面有对应的翻译；

4）资料填写好了为什么提交不了：刷新页面或者换个浏览器（可多尝试几个浏览器，推荐使用谷歌、360 浏览器）；

5）视频：一定不要用美颜或者镜像拍摄。

如果审核邮件初审没有通过，不必担心，只需按照审核人员的要求修改或者补交资料（要求拍法人视频、身份证、营业执照上的关键字等细节一定要清晰）。

3. 二次审核——视频验证

若提交的材料不符合审核标准，需进行二次审核（见图 2-10），卖家应根据复审要求，在原链接中修改照片或提交视频。

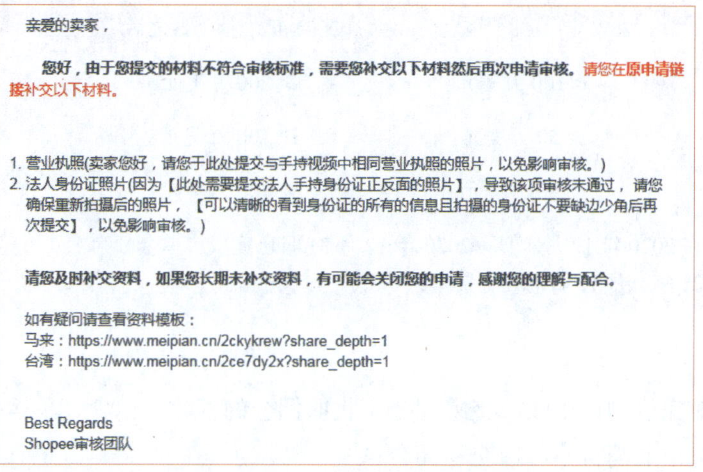

亲爱的卖家，

您好，由于您提交的材料不符合审核标准，需要您补交以下材料然后再次申请审核。请您在原申请链接补交以下材料。

1. 营业执照(卖家您好，请您于此处提交与手持视频中相同营业执照的照片，以免影响审核。)
2. 法人身份证照片(因为【此处需要提交法人手持身份证正反面的照片】，导致该项审核未通过，请您确保重新拍摄后的照片，【可以清晰的看到身份证的所有的信息且拍摄的身份证不要缺边少角后再次提交】，以免影响审核。)

请您及时补交资料，如果您长期未补交资料，有可能会关闭您的申请，感谢您的理解与配合。

如有疑问请查看资料模板：
马来：https://www.meipian.cn/2ckykrew?share_depth=1
台湾：https://www.meipian.cn/2ce7dy2x?share_depth=1

Best Regards
Shopee审核团队

图 2-10　材料不符官方回复说明

入驻成功后，Shopee 卖家孵化团队将通过邮箱、QQ 或电话等方式与卖家对接，卖家应及时查收相关信息。每周 Shopee 官方通过电子邮件发送《Shopee 市场周报》，供卖家运营参考。新开设店铺默认的转运仓是 Shopee 深圳转运仓，卖家需根据自身情况向客户经理申请变更为上海转运仓、义乌转运仓或泉州转运仓。

实战训练

根据 Shopee 平台入驻及相关准备说明，列出清单，准备开店材料，完成新店开设，并解决开店申请过程中的具体问题。

2.2 佣金及交易手续费

2.2.1 Shopee 平台佣金收取政策

2021 年 1 月 1 日起，Shopee 平台佣金费率调整见表 2-1：

表 2-1　Shopee 平台佣金费率表

等级	上月已完成订单总额（不含订单运费）		费率（适用于所有站点）
	2021 年 1 月 1 日之前	2021 年 1 月 1 日之后	
1 级	≥ 100 万美元	≥ 200 万美元	5%
2 级	≥ 50 万美元	≥ 100 万美元	5.5%
3 级	＜ 50 万美元	＜ 100 万美元	6%
示例：卖家 A 在 2020 年 12 月 1 日—2020 年 12 月 31 日已完成订单金额为 120 万美元，则 2021 年 1 月 16 日—2021 年 2 月 15 日的佣金费率为 5.5%。			

收取佣金的订单：

1）只针对完成的订单收取交易佣金（收取佣金的基数不包含订单运费）；

2）如果订单取消将不收取交易佣金；

3）同一卖家在平台各站点的前 3 个月不收取该站点交易佣金。

注：Shopee 平台保留最终解释权，不排除收费项目和标准的调整，当前版本费率适用至 Shopee 平台发布新佣金费率时。

Shopee 向首次入驻平台的新卖家提供 3 个月的免佣期，新卖家各站点免佣时间以卖家在相应平台开设店铺的日期开始计算。示例：

1）卖家 A 在新加坡站点开设店铺日期为 7 月 1 日，则该新加坡站点的店铺会于 10 月 1 日开始被收取佣金；

2）卖家 A 在马来西亚站点开设店铺日期为 9 月 1 日，则该马来西亚站点的店铺会于 12 月 1 日开始被收取佣金。

2.2.2 交易手续费

Shopee 平台于 2019 年 1 月 1 日开始对卖家收取 2% 的交易手续费，该费用实际为支付给交易清算服务商的手续费，此前该部分费用一直由 Shopee 承担。

交易手续费收取标准：

1）交易手续费收取比例为 2%；

2）针对已完成订单（货到付款以及非货到付款订单均会被收取）收取手续费；

3）针对订单金额（包括买家支付运费）收取手续费；

4）该交易手续费与平台佣金相互独立。

2.3 Shopee 平台禁止和限制产品清单

2.3.1 Shopee 平台违禁品 A 类标准

Shopee 平台违禁品 A 类标准见表 2-2。

表 2-2　Shopee 平台违禁品 A 类标准

<table>
<tr><th>类别</th><th>物品名称</th><th>备注</th></tr>
<tr><td rowspan="2">第一类：易爆物品</td><td>手雷、铝雷管、电雷管、纸雷管、铜雷管、铁雷管、火雷管、TNT、手榴弹、炮弹、拉火管、岩石炸药、硝铵炸药、奥克托今、钝化太安、钝化黑索今、黑火药、黑索今、吉纳、聚奥、双方、乳化炸药、双迫、塑性炸药、太安、爆炸装置、导火索、导爆索、鞭炮、烟花等</td><td rowspan="2">1. 如查获该类物品，直接交由公安机关处理
2. 仿真爆炸物品易引起恐慌，造成秩序混乱且对平台造成一定的负面影响，也归属于违禁品 A 类</td></tr>
<tr><td>仓库常见爆炸类物品：
仿真手雷、礼花筒、烟幕弹、压缩气罐等</td></tr>
<tr><td rowspan="2">第二类：易燃物品</td><td>易燃气体：氧气、氢气、一氧化碳、乙烯、乙炔、丙烷、液化石油气等</td><td rowspan="2"></td></tr>
<tr><td>易燃液体：汽油、煤油、苯、乙醇、油漆、防污剂、油墨、松节水、香蕉水、防锈润滑剂、发胶、汽车冷冻添加剂、清洁剂、杀虫剂、喷雾定画液等
其他易燃类型：打火机、点烟器、镁棒点火器、火机枪、喷火枪、万次火柴、易燃钢丝棉等</td></tr>
<tr><td rowspan="2">第三类：枪支弹药</td><td>手枪、工艺枪、砸炮枪、发令枪、步枪等枪械类以及仿真枪械子弹、仿真子弹、子弹吊饰、子弹型装饰品以及其他武器或仿品</td><td rowspan="2">1. 具备枪支外形特征，并且具有与制式枪支材质和功能相似的枪管枪机、机匣或者击发等机构之一
2. 外形、颜色与制式枪支相同或者近似，并且长度介于相应制式枪支全枪长度的 0.5 ～ 1 倍
3. 如查获该类物品，直接交由公安机关处理</td></tr>
<tr><td>仓库安检常见枪支弹药类物品：
玩具枪、仿真枪、仿真子弹、子弹吊饰、子弹型装饰品等</td></tr>
</table>

续前表

类别	物品名称	备注
第四类：管制刀具类	跳刀、锁刀、蝴蝶刀、弹簧刀、匕首、民族刀、皮带刀、梳子刀、双刃刀、单刃刀、剑、斧头等	1. 所有带杀伤性的刀具全部做扣留处理 2. 如查获军警用品、攻击类刀具、武器，直接交由公安机关处理
第五类：军警用具类	警服、警徽、电击器、警棍、手铐、警绳、指虎、钝器（手钉、双节棍、狼牙棒、九节鞭等）	1. 具备此类用具外形特征的，做扣留处理，为违禁品 A 类 2. 如查获军警用品、攻击类刀具、武器，直接交由公安机关处理
第六类：毒害品类	冰毒、海洛因、大麻、摇头丸、吗啡、可卡因、剧毒农药、有毒气体等； 制毒工具、吸毒工具； 提供与非法药物、毒品生产有关信息的出版物和其他媒体	如查获该类物品，直接交由公安机关处理
第七类：腐蚀品类	硫酸、电解液、高锰酸钾、过氧化氢等	
第八类：非法出版影像、印刷制品	危害国家安全和社会稳定以及带有反动性质和淫秽内容的光盘、音像制品、书籍、标语、图片、光盘、刊物、照片等	
第九类：妨害国家公共卫生安全物品	医学样品、医学标本、兽皮、兽骨、活体动植物或尸体标本（扇贝、乌龟、盆景、动物尸体、生物器官组织、生物标本）等	
第十类：国家法律法规进出境禁止寄递物品	机密文件、古董、文物、银行卡、货币、假币、古币、证券、护照、象牙及国家保护动物和濒危野生动物、香烟及其他烟草制品或工具、医疗用品器械、假或侵权产品等	菲律宾站点可以运输家用医疗用品 / 器械（如血糖计 / 血压计） 医疗用品器械一类不包含防疫物资，防疫物资具体说明见公告栏“Shopee 平台疫情期间物资售卖要求更新”
第十一类：放射性物品	铀、镭、钚等	

1. 以上物品包括但不限于其他国家或地区法律法规进出境口岸明令禁止、快递、运输的其他违禁物品
2. 因寄递违禁物品、危险物品，造成人身安全、公共安全、航空货物运输安全事故的，将追究其法律责任

2.3.2 Shopee 平台违禁品 B 类标准

Shopee 平台违禁品 B 类标准见表 2-3。

表 2-3 Shopee 平台违禁品 B 类标准

站点	全站违禁品 B 类	个别站违禁品 B 类	备注	说明
印度尼西亚	箭（箭头） 强力磁铁 蜡烛 枪型小饰品 刀具 / 剑模型（饰品）球类（充气） 油漆 粉末 电子烟、所有相关产品或配件（如烟油、滤嘴等）	纯电池，如充电宝等；单独的纽扣电池；容量大于 8 000mAh 的电池； 赌具（扑克牌、骰子、筹码等）； 成人用品； 指甲油；卸甲水（油）；液体（>200ml）；香水；染发剂； 头盔；金属类商品（如铜、铁、钢材等纯金属材料，并非金属制成品）； 所有二手类商品（如二手电子产品、旧服装、二手日用品等）； 所有含大麻、大麻叶成分的产品（包括但不限于 CBD、THC、Hemp、Cannabis）； 未在印度尼西亚登记的手机、平板电脑等需要使用蜂窝网络的设备； 食品；宠物食品	精油单个包裹 50ml 内可以出运；甲油胶（不含酒精并且 <50ml) 可以出运	
马来西亚		纯电池，如充电宝等；单独的纽扣电池；容量大于 8 000mAh 的电池； 赌具（扑克牌、骰子、筹码等）； 成人用品； 指甲油；卸甲水（油）；液体（>200ml）；香水；染发剂；精油； 所有含大麻、大麻叶成分的产品（包括但不限于 CBD、THC、Hemp、Cannabis）； 食品（部分食品可出运，见备注）；宠物食品	甲油胶（不含酒精）可以出运； 部分食品可以出运（不可含有新鲜蔬菜、肉类、蛋类），如零食（饼干、坚果），调味包、火锅底料； 部分食品不可出运，如会自产热的自热锅、自嗨锅及其包装	

续前表

<table>
<tr><th>站点</th><th>全站违禁品 B 类</th><th>个别站违禁品 B 类</th><th>备注</th><th>说明</th></tr>
<tr><td>菲律宾</td><td rowspan="3">含酒精类（非纯酒精，如酒精棉等）
喷雾
胶水
药膏贴（艾草贴、足贴等）
牙粉
电动平衡车
保健品
颜料（易燃）
香熏类（艾草熏香、蚊香、檀香、烧香等）、竹炭类
润滑油、机油
干燥剂
香料
在运输途中意外开启并导致发光、发热以及发出声响的带电产品
所有药品
玻璃管状产品</td><td>纯电池，如充电宝等；单独的纽扣电池；容量大于 8 000mAh 的电池
指甲油；卸甲水（油）；液体（>200ml）；香水；染发剂；精油；
成人用品；
无人机；
食品；宠物食品</td><td>甲油胶（不含酒精，并且 <50ml）可以出运</td><td rowspan="3">1. 所有 B 类物品包括但不仅限于表内所列示例
2. 临时性违禁品 B 类不扣分：如激光笔、头盔（印度尼西亚站点除外）、话筒、麦克风
3. 从 5 月 6 日起超过自用数合理范围的防控物资归属于违禁品 B 类</td></tr>
<tr><td>泰国</td><td>赌具（扑克牌、骰子、筹码等）；
成人用品；
指甲油（包括甲油胶）；卸甲水（油）；液体（>200ml）；香水；
电子秤（体重秤、体脂秤，需要认证）；
电视机顶盒（需要认证）；
无人机；
无线通信产品如对讲机等（需要认证）；
食品；宠物食品</td><td>充电宝：陆运可以出运（卖家需将商品放到正确的类目）</td></tr>
<tr><td>新加坡</td><td>纯电池，如充电宝等；单独的纽扣电池；容量大于 8 000mAh 的电池；
指甲油；卸甲水（油）；液体（>200ml）；香水；染发剂；精油；赌具（扑克牌、骰子、筹码等）；
成人用品；
望远镜；
食品（部分食品可出运，见备注）；
含蛋肉的以及含液体的宠物食品</td><td>甲油胶（不含酒精，并且 <60ml）可以出运；
部分食品可以出运（不可含有新鲜蔬菜、肉类、蛋类），如零食（饼干、坚果）、调味包、火锅底料；
部分食品不可出运，如口香糖，会自产热的自热锅、自嗨锅，以及包装有充气的薯片类；
宠物食品：不含蛋肉以及液体方可运输</td></tr>
</table>

续前表

站点	全站违禁品B类	个别站违禁品B类	备注	说明
中国台湾		纯电池，如充电宝等；单独的纽扣电池；容量大于8 000mAh的电池； 赌具（扑克牌、骰子、筹码等）； 指甲油（包括甲油胶）；卸甲水（油）；液体（>100ml）；香水；染发剂；精油； 除虫用品（蚊香、防蚊手环）； 手机、平板电脑、笔记本电脑； 蓝牙产品（如无线鼠标、蓝牙耳机、蓝牙音箱）、智能穿戴设备、无线通信产品（如收音机、遥控器、路由器、电视机顶盒）； 儿童座椅、汽车安全座椅、手推车； 所有图书及出版物； 食品；宠物食品		
越南		液体（>500ml）； 所有图书及出版物； 成人情趣玩具； 食品；宠物食品	充电宝：陆运可以出运（卖家需将商品放到正确的类目）； 香水单个包裹在500ml内可以出运； 精油单个包裹在50ml内可以出运	
巴西		纯电池，如充电宝等；单独的纽扣电池；容量大于8 000mAh的电池； 指甲油；卸甲水（油）；液体（>30ml）；香水； 批量的电子元件（>5个包裹）； 整包寄递的批量纽扣电池； 任何单独寄送的可重复使用的充电电池（如笔记本电池、蓄电池）；	非拆卸且小于100Wh的内置电池可以出运；	

续前表

站点	全站违禁品 B 类	个别站违禁品 B 类	备注	说明
巴西		所有配套 / 外置电池（电池与产品本体分离）； 任何会导致自动发光、发热、发声的内置电池； 摩托车及四轮摩托车头盔； 食品；宠物食品	甲油胶（不含酒精，并且 <30ml）可以出运	

国家邮政局、公安部、国家安全部关于发布《禁止寄递物品管理规定》的通告
http: //www.spb.gov.cn/zc/flfgjzc_1/201612/t20161216_934646.html

禁售商品：

1）仿真枪、军警用品、危险武器类；
2）易燃易爆，有毒化学品、毒品类；
3）反动等破坏性信息类；
4）色情低俗、催情用品类；
5）涉及人身安全、隐私类；
6）药品、医疗器械类；
7）非法服务、票证类；
8）动植物、动植物器官及动物捕杀工具类；
9）涉及盗取等非法所得及非法用途软件、工具或设备类；
10）未经允许，违反国家行政法规或不适合交易的商品；
11）虚拟类。

禁运商品：

1）管制刀具；
2）打火机、火种、万次火柴、万能打火石等；
3）玩具枪、枪支仿制品、鱼枪等；
4）镁棒；
5）警棍、双节棍、指虎等；
6）活体类物品；
7）假货、侵权商品。

实战训练

根据自身所经营的产品，列出可能会发生的违禁情形，并拟定规避办法及发生违禁后的解决方案。

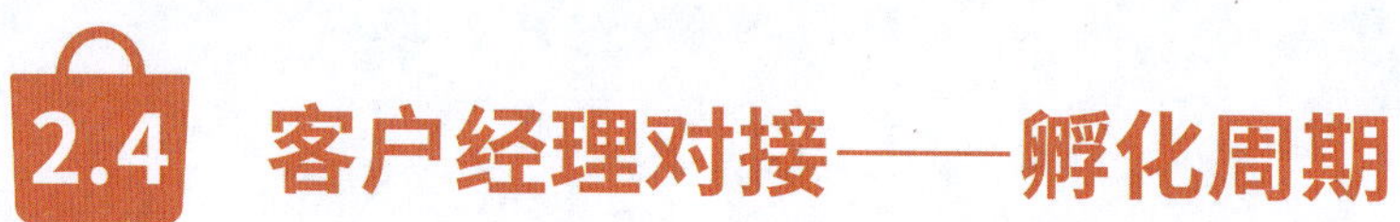

2.4 客户经理对接——孵化周期

1. 前 7 天：卖家细分

卖家可分为内贸卖家和外贸卖家两种。对于成功开通首家店铺的卖家，Shopee 平台会精准定位卖家特点，匹配最佳孵化团队，助力卖家成长。

2. 第一个月：基础运营

Shopee 平台会对卖家进行基础培训，使其熟悉平台规则；充分运用新店活动资源，对卖家进行品类分析指导，成功帮助卖家开出店铺首单。

3. 第二个月：爆款发展

进入第二个月，Shopee 平台会对卖家进行进阶培训，运用平台活动资源，对店铺优化指导，扩展流量，打造店铺爆款，从而使店铺转化提升。

4. 第三个月：多站点运营

在此期间，Shopee 平台会对卖家进行专题培训，熟悉产品搬运工具，运用站点活动资源，进行品类拓展，并且充分利用关键字广告，实现多站点运营。

5. 顺利毕业：高阶客户经理扶持

在此期间，Shopee 平台会按卖家品类和成长特点匹配最佳的高阶客户经理，帮助卖家进行成长分析，使卖家进入精细化运营、单量大幅拉伸阶段。

实战训练

根据自身经营的特点，拟定合适的孵化周期，罗列各阶段需要完善的各项工作，结合具体产品制定较为详细的计划。

第 3 章 Shopee 平台运营思路

本章概述：

本章主要介绍了 Shopee 平台特点，主要包括流量、物流、孵化、语言、支付、ERP 软件支持等方面。重点介绍了平台流量来源及巴西市场运营策略。

学习目标：

了解 Shopee 平台的特点，重点了解流量来源及其与运营之间的联系。

3.1 平台特点

Shopee 为卖家提供了一站式的跨境卖家解决方案，从流量、物流、孵化、语言、支付、ERP 六个方面全方位帮助跨境卖家成长。

3.1.1 流量方面

东南亚进入移动互联网时代，电商流量主要来自移动端。超过 90% 的东南亚互联网用户使用移动端上网，东南亚用户平均每日使用移动端上网时长是欧美用户的 2 倍。东南亚是全球互联网最移动化的地区之一。

Shopee 平台全年 12 个月都安排了大型促销（以下简称“大促”）活动，为卖家带来持续的高密度流量。每年上半年，以 4 月的泼水节、6 月的斋月为高潮；而每年下半年则是以“9 • 9”“11 • 11”“12 • 12”大促活动持续引爆市场。

3.1.2 物流方面

Shopee 平台将东南亚本土六大市场中最好的物流服务商进行整合，形成一个最优组合，构建了自身的跨境物流体系，即 Shopee Logistics Services（SLS）。卖家只需要出单后把包裹发到 Shopee 在上海、义乌、泉州、深圳的任意仓库，后续国际（地区间）物流均由 Shopee Logistics Services 完成。这样，卖家的物流成本就会降低，并且将购买行为中的物流风险降到最低。

3.1.3 孵化方面

Shopee 向卖家孵化提供顾问式服务，匹配相对应的客户经理。有针对性的顾问式服务有助于卖家快速熟悉平台运营规则及当地市场情况，高效激发卖家出海潜能。

3.1.4 语言方面

印度尼西亚、泰国、越南市场为小语种市场。为扫除卖家销售中的语言障碍，Shopee 平台的印度尼西亚、泰国、越南站点均有本土客服团队，在“聊聊”（Shopee 即时通信工具）上为卖家解答客户咨询。另外，针对有竞争力的产品直接提供产品本地化翻译服务。

3.1.5 支付方面

Shopee 启动了支付保障计划，可对货款进行托管，交易成功后将货款及运费补贴通过第三方支付合作商 LianLian Pay（连连支付）、Payoneer（派安盈）和 PingPong 打款给卖家。打款周期为两周一次，分别为月初和月中，打款金额为打款日期前妥投的订单。

1）PingPong：国内集团，总部在杭州，支持 Shopee，费率 0.2% ～ 1%。

2）LianLian Pay：国内集团，总部在杭州，支持 Shopee，费率 0.2% ～ 1%。

3）Payoneer：国际公司，老牌收款机构，支持 Shopee，费率 1%。

4）PayPal：国际公司，比较成熟的机构，相当于欧美版支付宝，不支持 Shopee 支付服务，但卖家购买关键字广告需登录 PayPal 账户，进行付款操作。

3.1.6 ERP 方面

企业资源计划（Enterprise Resource Planning, ERP），是由美国计算机技术咨询和评估集团 Gartner Group Inc 提出的一种供应链的管理思想。企业资源计划是企业制造资源计划（MRP Ⅱ）下一代的制造业系统和资源计划软件。除了 MRP Ⅱ已有的生产资源计划、制造、财务、销售、采购等功能外，还有质量管理、实验室管理、业务流程管理、产品数据管理、存货 / 分销与运输管理、人力资源管理和定期报告系统。企业资源计划是建立在信息技术基础上，以系统化的管理思想，为企业决策层及员工提供决策运行手段的管理平台。

目前，在我国 ERP 的内涵已经被扩大，用于企业的各类软件均被纳入 ERP 的范畴。它跳出了传统企业边界，从供应链范围到优化企业的资源，是基于网络经济时代的新一代信息系统，主要用于改善企业业务流程，从而提高企业核心竞争力。

ERP 系统支持离散型、流程型等混合制造环境，应用范围从制造业扩展到了零售业、服务业、银行业、电信业、政府机关和学校等，通过融合数据库技术、图形用户界面、第四代查询语言、客户服务器结构、计算机辅助开发工具、可移植的开放系统等对企业资源进行了有效的集成。

ERP 在跨境电商领域的应用：生产采购控制（从供应商采购或生产）；物流订单管理（对接平台、处理订单、对接物流）；客户财务管理（客户沟通、核算平台利润）。

1. 马六甲 ERP：专业 ERP，与东南亚平台深度匹配

专注于东南亚的跨境电商 ERP，靠一句口号“做 Shopee 就用马六甲 ERP，上架新产品更快”获得了卖家的青睐，用户规模飞速增长。马六甲 ERP 操作界面简单，拥有部分针对 Shopee 等东南亚电商的独特功能，适配性强。

卖家在 Web 页面即可管控开店、采集刊登、销售、采购、仓储、物流、财务等核心业务流程和运营关键环节。由于简单易用、系统稳定，而且卖家可免费使用无限绑定店铺、无限采集、图片翻译、自动置顶商品、自动获取粉丝插件等功能，因此马六甲 ERP 成为绝大多数 Shopee 官方认证培训机构推荐的 ERP。

2. 店小秘：比较成熟，时间久

店小秘是美云集网络科技有限公司旗下一款为全球电商卖家提供一站式服务的 SaaS 系统，深度连接了电商平台端、物流端和商家端。通过电商交易大数据，提供行业趋势、优质货源、资金供应和买家营销等多维度服务。

截至 2021 年 3 月，店小秘已与全球 33 家顶级电商平台、600 家优质物流商及 50 家海外仓实现技术对接，年处理的订单交易金额超 1 500 亿元。

3. 芒果店长：操作简单，小白易上手

2014 年，芒果店长率先推出 SaaS 模式的跨境电商 ERP 平台，先后为超过 50 万全球电商卖家提供服务。平台与 20 余家顶级电商平台实现对接，支持 300 多家物流公司 API 接口，日处理订单超 500 万。芒果店长作为集成化跨境电商运营 ERP，深度打通了电商平台、物流仓储与商家，通过电商大数据和云技术，提供优质货源、物流对接、仓库管理以及智能化网店运营等多维度服务。

4. 普源：库存管理能力强，大卖家使用较多

杭州普源软件有限公司致力于 B2C 模式下的网店管理系统建设，从用户的实际使用角度出发，以“诚信、专业、高效、服务”为企业经营理念，打造方便、快捷的网络店铺管理系统。

杭州普源软件有限公司在网络店铺的经营与管理方面拥有一系列自主知识产权，其拥有涵盖网店的销售推广、网店商品管理、网店交易订单管理、仓储管理、物流发货等全流程解决方案。

5. 跨境助手：Shopee 功能比较多

跨境助手 ERP 是一款跨境电商服务软件，由太原博瑞恩贸易有限公司开发。该公司集研发、运营与仓储于一体，响应国家“一带一路”倡议号召，主要为 Amazon、Lazada、Shopee 等多个跨境平台卖家提供跨境电商 ERP 软件服务。

实战训练

ERP 软件的使用是做好店铺运营的基础，在电脑和手机端安装店小秘、芒果店长、超级店长、普源、跨境助手、赛合等软件，熟悉操作环境，了解异同点，选择一款适合的软件。

3.2 平台流量来源

店铺流量，即通过由平台引入店铺的买家数量。进入店铺的买家数量越多，店铺流量越大，产品被曝光的次数越多，买家下单的概率越大。卖家可以通过获取平台内流量的方法提高店铺流量。平台流量主要来源于搜索流量和新上架产品流量扶持。

3.2.1 获取搜索流量

买家通常会在首页中通过搜索关键词的方式查找想要购买的产品，关键词即卖家获取搜索流量的重要来源。

卖家可以通过查看对应市场的首页搜索栏的下方，根据实时更新的买家热搜词，了解消费者近期热搜产品和各市场流行趋势。如图 3-1 所示，马来西亚市场买家热搜产品有“Vape Tank”“Air Humidifier”“BIOAQUA BB Cream”“Lipstick Set”“Aquarium Water Pump”等。

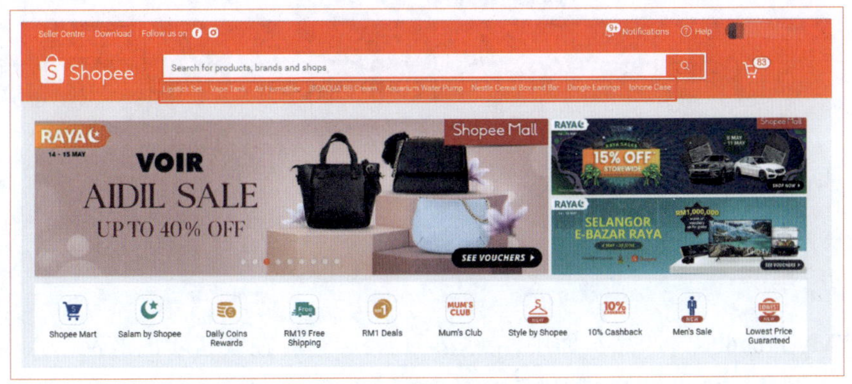

图 3-1　Shopee 主页

Shopee 每周会通过邮件（发送至卖家的注册邮箱）向卖家发送各市场热搜词、热销产品、热门标签，帮助卖家更好地了解东南亚市场选品趋势。

3.2.2 新上架产品流量扶持

为了更好地让新卖家发展，Shopee 平台针对新上架的产品制定了流量扶持政策。卖家可以通过小批量分时段上传产品和置顶推广功能——Boost 获得上新流量。

1. 小批量分时段上传产品

卖家每天分时段小批量上新产品，这种操作会使该新产品在同类的搜索排名结果中处于靠前的位置，有利于店铺持续曝光。而在各市场流量高峰期上传产品更有利于产品曝光。例如，新加坡市场 20:00—24:00 下单人数最多，泰国市场 13:00—15:00 下单人数最多，马来西亚市场 14:00—16:00 下单人数最多，印度尼西亚市场 10:00—12:00 下单人数最多。在买家活跃时段上新，可以提高产品的曝光率。

2. 置顶推广功能——Boost

Shopee 在每个市场都为卖家提供了免费的置顶推广产品的功能——Boost（推广），卖家可以在卖家中心依次点击“商品管理”—“我的商品”—“全部”，在所有已上架的产品中选择任意一款需要置顶的产品，点击“操作”按钮，选择“点我置顶推广”，将该产品置顶在对应分类页面靠前的位置进行展示（见图 3-2）。

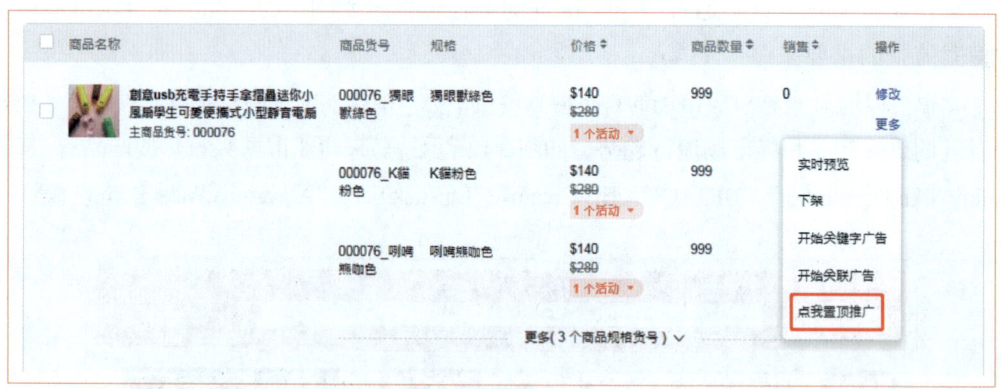

图 3-2 单个商品推广设置页面（1）

3. 推广建议

在“My Products”产品页面中，点击“Live”查看在线售卖的产品。点击“More Operations”中的“Boost Now”进行产品置顶（见图 3-3）。卖家在点击 Boost 之后，4

个小时之内不可再次点击（每次可曝光 5 个 SKU）。

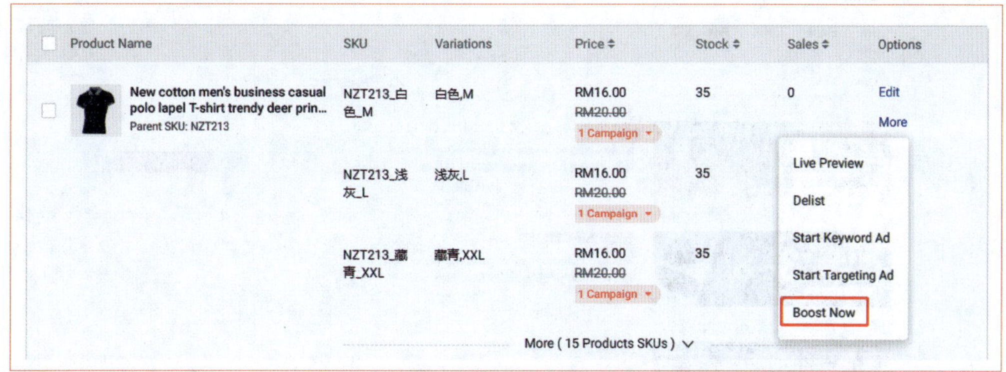

图 3-3　单个商品推广设置页面（2）

3.2.3 平台活动流量

1. 参加平台活动

Shopee 各市场卖家中心的“我的行销活动”会定期推出各种活动，卖家可报名参与，争取更多的曝光机会（见图 3-4）。

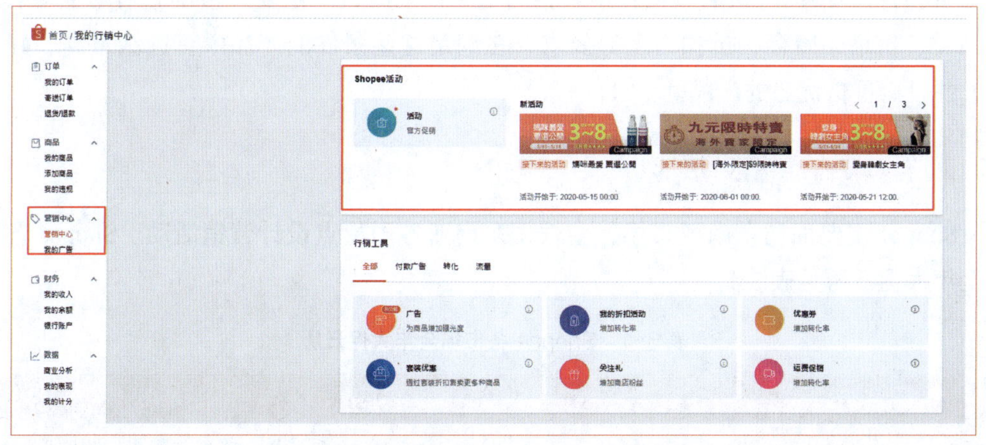

图 3-4　Shopee 活动入口

在“我的行销活动”中，会不定期开放不同时间、不同内容的主题活动，卖家可在后台按照活动要求报名，报名结束后会进入审核，审核通过的产品将会在活动时间参加此活动（见图 3-5）。

图 3-5　Shopee 营销活动列表

“我的行销活动”报名技巧：申请报名行销活动时，一定要严格遵循活动主题、产品品类、价格、库存、折扣力度等要求，在满足这些条件的产品中首选销量高、好评多，并且有价格优势的产品。

2. 全年节日促销活动

Shopee 主要面向东南亚市场，会根据东南亚各国特点设计营销活动。Shopee 各市场全年大促日历见表 3-1。

表 3-1　Shopee 各市场全年大促日历

月份	节日	市场
1 月	元旦节	新加坡、越南、泰国、印度尼西亚
	儿童节	泰国
2 月	春节	新加坡、马来西亚
	情人节	泰国、马来西亚、菲律宾
3 月	女神节	泰国、马来西亚、菲律宾
4 月	泼水节	泰国

续前表

月份	节日	市场
5 月	母亲节	新加坡、马来西亚、印度尼西亚、越南、菲律宾
6 月	斋月	马来西亚、印度尼西亚
	儿童节	越南、菲律宾
	父亲节	越南、马来西亚
8 月	母亲节	泰国
	返校节	全部
9 月	“9・9”超级购物节	全部
10 月	“10・10”超级购物节	印度尼西亚
	万圣节	全部
11 月	“11・11”超级购物节	全部
	水灯节	泰国
12 月	“12・12”Shopee 大促	全部
	圣诞节	全部
	父亲节	泰国

在每年下半年 Shopee 全站点开启“9・9”“11・11”“12・12”大促。在大促期间，Shopee 在当地市场同时开展线上线下广告推广，给卖家带来流量的剧增。

3.2.4 粉丝营销引流

1. 粉丝营销概述

粉丝是店铺自然流量和订单的重要来源。在店铺运营的初期，增加店铺粉丝量尤为重要。当店铺拥有一定粉丝量之后，卖家可以定期策划一些店铺主题活动，同时主动与买家进行互动，还可以设置一些主题活动专用的折扣券展示在店铺首页，以吸引买家购买。丰富多彩的店铺活动不仅有利于提高买家回购率，而且能够吸引新客源。

2. 增加店铺粉丝的方法

卖家在日常运营店铺时应重视粉丝营销，可以通过以下几种方法持续增加店铺粉丝。

1）主动关注。卖家可在 App 上搜寻同类热门商家，并主动关注这些商家及其现有粉丝，留意目标用户群体，目前粉丝上限为 5 000 位。

2）买家互动圈粉。卖家应重视每一次与买家沟通的机会，及时回复聊聊信息，提高顾客转化率和留存率。

3）粉丝优惠。卖家可鼓励买家为其产品点赞或者关注店铺，并在下次购买时给予折扣或礼品作为奖励。

3.3 Shopee 重点开拓站点——巴西

3.3.1 巴西电商市场概览

巴西占据南美洲近半数土地，养育 2.1 亿人口，接近东南亚最大市场——印度尼西亚的总人口。得益于广阔地缘与丰富劳动力，巴西是世界第八大经济体，拥有拉丁美洲最大的在线零售市场，占据了拉丁美洲超 40% 的 B2C 电商市场份额，有着绝对主导地位。

对于巴西人而言，跨境购物是生活的常态。据调查，巴西人最喜欢购买来自中国的跨境商品，每 10 位巴西消费者中就有 7 位在线购买过来自中国的商品（见图 3-6）。

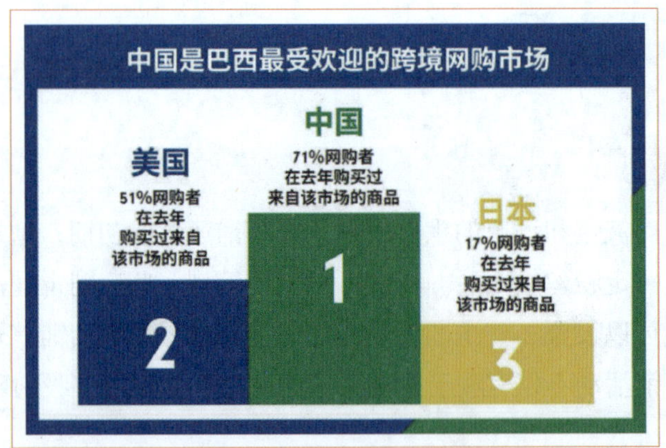

图 3-6　巴西最受欢迎的跨境网购市场排名前三国家

资料来源：2021 年 Shopee 官方巴西市场介绍数据。

数据显示，巴西互联网发展迅速，2019 年互联网渗透率达到了 71%，网民数量达 1.504 亿（见图 3-7）。巴西网民平均每天上网时间超过 9 小时，居世界前列。巴西拥有 1.4 亿的社交媒体用户。

图 3-7　2019 年巴西网民数量等相关信息

资料来源：2021 年 Shopee 官方巴西市场介绍数据。

巴西吸纳了来自欧洲、非洲、亚洲等地区的移民，当地节日融汇了各地特色：除西方传统节日圣诞节、复活节等，一些地区还会庆祝如“耶孟佳”等非裔宗教节日。巴西人民还会庆祝一些我们熟知的节日，时间却往往与我国不同。Webshoppers 数据显示，巴西当地有以下重大节日：狂欢节、母亲节、情人节、父亲节、儿童节及圣诞节（见图 3-8），这些节日的网购销售额高达全年电商销售总额的 1/4。

图 3-8　巴西最重要的几个节日

针对巴西节日的月度运营安排见图 3-9。

图 3-9　针对巴西节日的月度运营安排

3.3.2 巴西用户分析

巴西人口为2.1亿，货币名称为巴西雷亚尔（BRL）；冬季为6月至8月，夏季为11月底至次年3月中。网购用户的年龄段构成：24岁及以下，9%；25～34岁，24%；35～49岁，37%；50岁及以上，29%。主要宗教有：天主教、基督教福音教派等（见图3-10）。

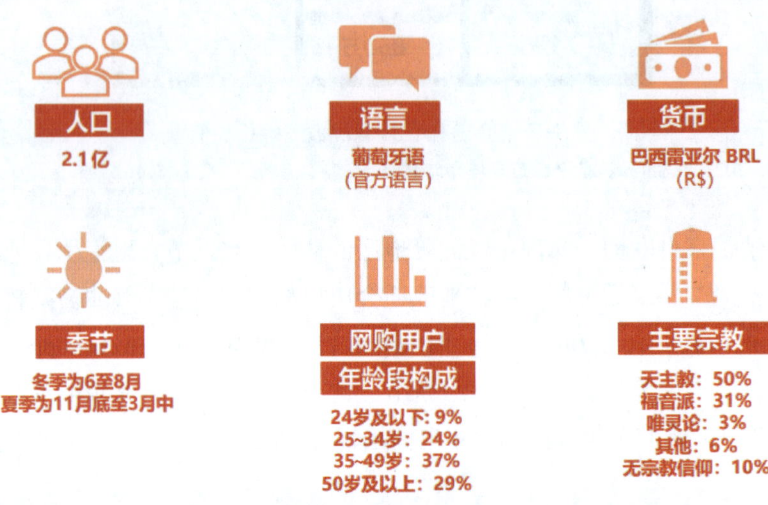

图3-10　巴西用户概况

实战训练

结合自己经营的产品，假设拟进入巴西市场，围绕目标用户及当地节日，说明可以加强的运营重点。

第4章 后台使用介绍及基础设置

本章概述：

本章主要介绍Shopee卖家App使用及官方网站后台常见操作，重点介绍了Shopee卖家中心进行的店铺内订单管理、商品管理、活动设置、财务管理和店铺管理等相关操作。

学习目标：

了解Shopee官网卖家后台各个模块的功能及基本使用方法，了解不同地区后台操作时的区别，学会使用Shopee App等。

4.1 网页 & App

4.1.1 Shopee 网站介绍

目前，Shopee 平台针对买家和卖家使用的是同一网站。

1. Shopee 买家端网址

在 Shopee 买家端界面，买家可以进行产品的浏览、搜索、购买等（见图 4-1）。

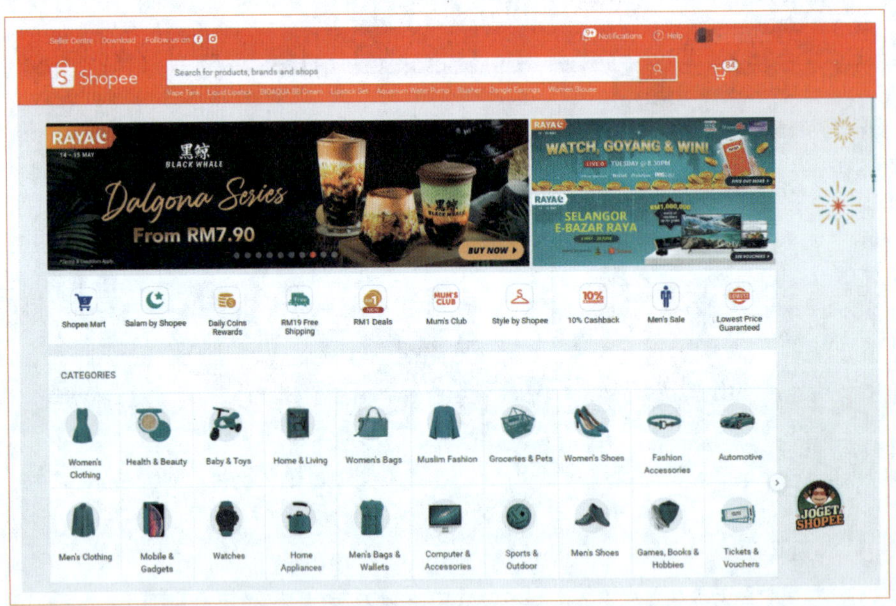

图 4-1　Shopee PC 端主页

Shopee 买家端登录网址如下：

马来西亚：https: //my.xiapibuy.com/

中国台湾：https: //xiapi.xiapibuy.com/

印度尼西亚：https: //id.xiapibuy.com/

泰国：https: //th.xiapibuy.com/

新加坡：https: //sg.xiapibuy.com/

菲律宾：https: //ph.xiapibuy.com/

越南：https: //vn.xiapibuy.com/

巴西：https: //br.xiapibuy.com/

2. Shopee 卖家端网址

Shopee 卖家端即 Shopee 卖家中心，可以帮助卖家进行产品刊登、创建产品分类目录、处理订单、装修店铺、参加平台活动、收款等一系列操作（见图 4-2）。

图 4-2　Shopee 卖家端操作界面

Shopee 卖家中心登录网址如下：

马来西亚：https: //seller.my.shopee.cn/account/signin

新加坡：https: //seller.sg.shopee.cn/account/signin

中国台湾 : https：//seller.xiapi.shopee.cn/account/signin

越南：https: //seller.vn.shopee.cn/account/signin

泰国：https: //seller.th.shopee.cn/account/signin

印度尼西亚：https: //seller.id.shopee.cn/account/signin

菲律宾：https: //seller.ph.shopee.cn/account/signin

巴西：https: //seller.br.shopee.cn/account/signin

3. Shopee 热销品类

在产品品类方面，Shopee 是一个备受用户青睐的移动电商平台，其中女性用户更青睐服装配饰、美妆、母婴用品、家居装饰、流行鞋包等主要品类，而男性用户则更喜欢 3C 电子、男装、户外用品等类目。目前，在 Shopee 覆盖的几大市场中，各市场普遍

热卖的品类主要有 3C 电子、服装配饰、母婴用品、家居装饰、美妆、保健等。

4.1.2 Shopee App 介绍

Shopee App 是一款基于手机移动端的全球综合类产品购物应用，目前针对六大不同市场拥有独立 App，用户可以在对应的手机应用商场中下载并使用。其提供了丰富多样的产品，包括男装、女装、鞋子、时尚服饰、家具装饰、饰品、手机配件、电子产品、手表、婴儿及儿童用品、化妆美容用品、节假日礼品等（见图 4-3）。

Shopee App 支持在各类手机、平板电脑等设备（iOS/Android 系统）上使用，并具有良好的适应性和极佳的使用体验。用户可以通过 Shopee App 轻松浏览和购买各类产品，另外可以在 Shopee Mart（Shopee 卖场）中购买具有官方品牌质量保证的优质产品。

在 Shopee App 上，用户不仅可以通过类目和品牌搜索产品，还可以通过“每日新发现”，寻找可能感兴趣的产品信息。

Shopee App 提供的产品性价比非常高，产品的优惠折扣达到 50% ～ 80%。另外，每日特定时段各个市场提供了“限时秒杀”主题活动，优惠力度更是在 95% 以上。

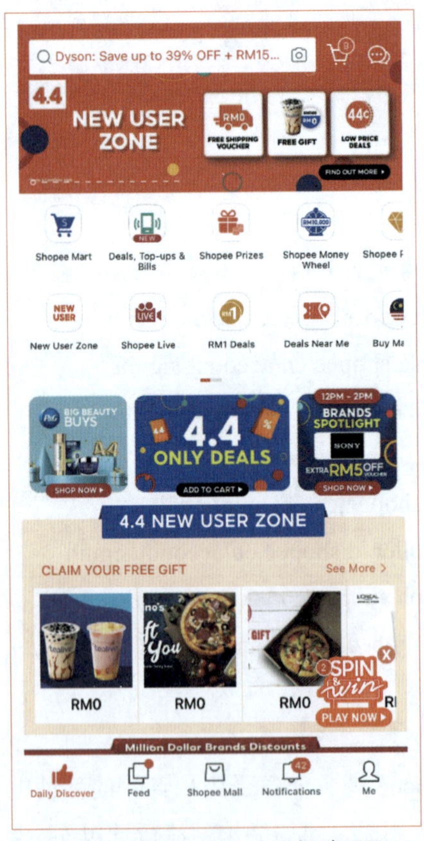

图 4-3　Shopee App 手机端界面

下载安装 Shopee App：

Shopee App 针对 iOS（苹果公司开发的移动操作系统）、Android（安卓系统，一种基于 Linux 的自由及开放源代码的操作系统）等系统的移动设备有不同的版本，并且六大市场的 App 相互独立，方便卖家实现本地化运营。

（1）iOS 系统

iOS 系统需要在 App Store 登录对应站点 ID 下载（马来西亚站点可以直接通过个人 ID 下载），在 App Store 中输入 Shopee 即可下载对应市场 App。图 4-4 为菲律宾市场（Shopee PH）下载页面。

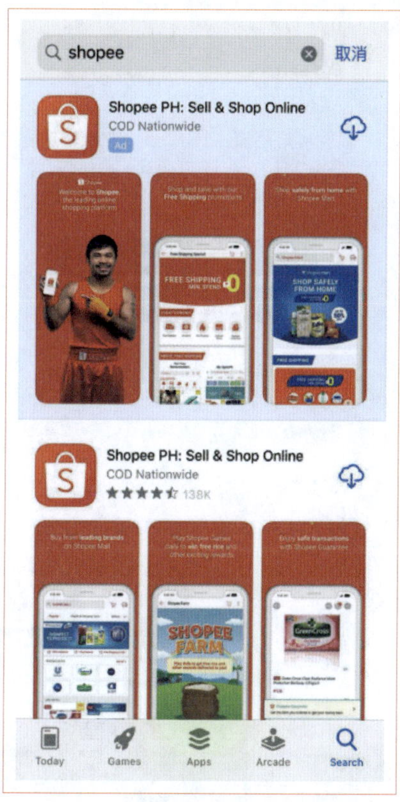

图 4-4 App Store 下载页面

（2）Android 系统

Shopee App Android 系统版本通过网盘下载 APK 文件安装使用，下载地址请前往 http: //shopee. cn 官方网址公告栏中查看。

	扫描左侧二维码下载 Shopee App APK 文件（2020/1/17 更新）

4.1.3 Shopee App 使用

1. 登录或注册 Shopee 个人账户

Shopee App 登录界面见图 4-5。

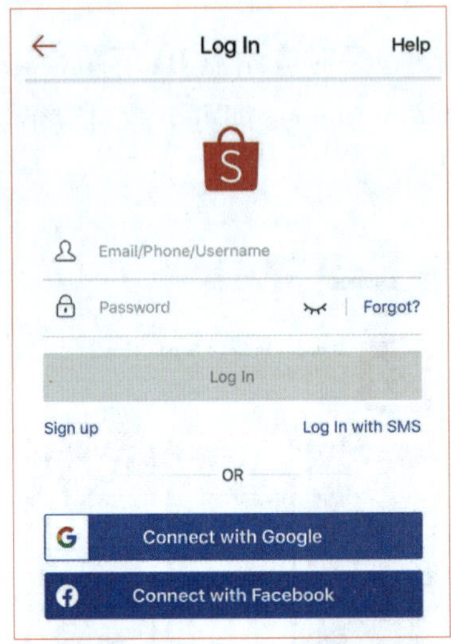

图 4-5 Shopee App 登录界面

2. 查看卖家中心

Shopee App 个人店铺界面见图 4-6。

图 4-6 Shopee App 个人店铺界面

3. 我的销售

可通过“我的销售”查看销售记录，即待付款、待出货、运送中、订单已完成、已取消、退货 / 退款（见图 4-7）。

图 4-7　Shopee App 产品销售订单界面

4. 新增商品

可通过“新增商品”添加产品（见图 4-8）。

图 4-8　Shopee App 新增商品界面

5. 我的进账

可查看拨款金额以及 Shopee 承诺下的交易（见图 4-9）。

图 4-9　Shopee App 进账承诺界面

6. 物流中心

可查看自己商店的物流设定（见图 4-10）。

图 4-10　Shopee App 商店物流设定界面

7. 商店评价

可查看商家等级和买家等级（见图 4-11）。

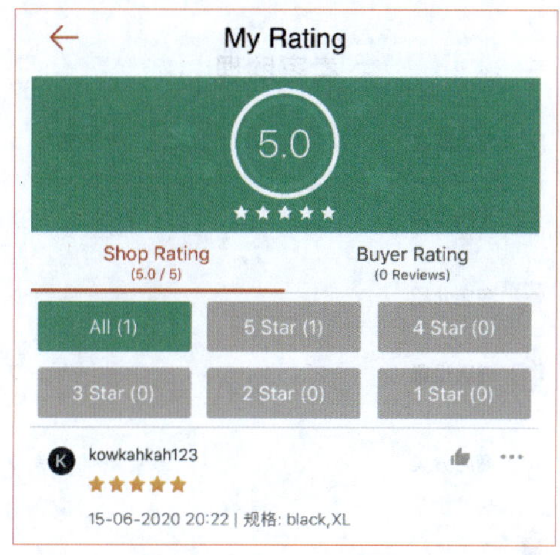

图 4-11　Shopee App 店铺评分查看界面

8. 我的表现

可查看回复率、回复时间、平均出货速度、评价、订单未完成率、逾期出货率、卖家计分（见图 4-12）。

图 4-12　Shopee App 店铺表现查看界面

9. 卖家助理

可查看我的商品、我的买家、商店介绍、商店设置、商店分类（见图 4-13）。

图 4-13　Shopee App 卖家助理查看界面

10. 我的行销中心

可设置折扣活动、优惠券（见图 4-14）。

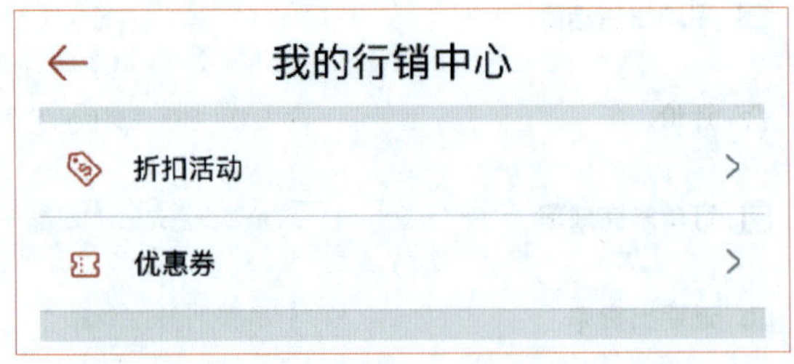

图 4-14　Shopee App 行销中心查看界面

11. 帮助中心

可通过帮助中心联系在线客服或者给客服发电子邮件（见图 4-15）。

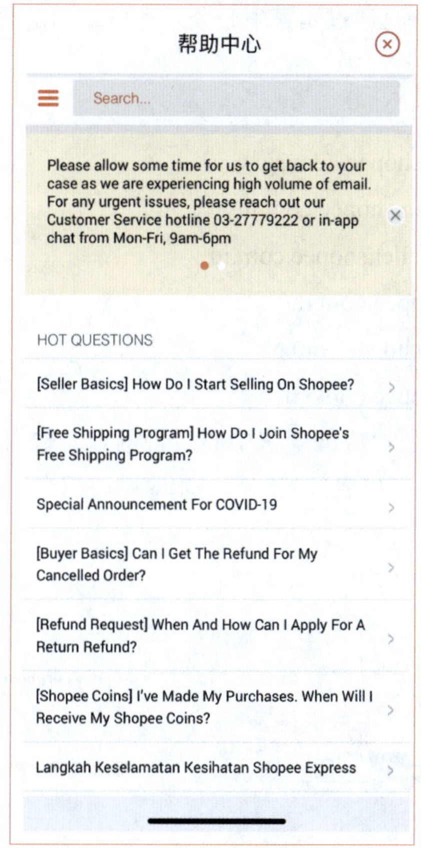

图 4-15　Shopee App 帮助中心查看界面

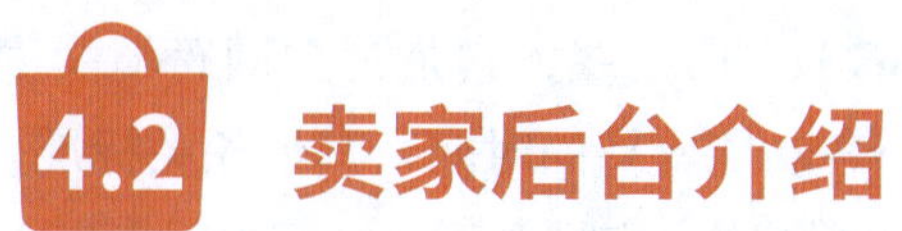

4.2 卖家后台介绍

卖家可以在 Shopee 卖家中心完成店铺内订单管理、商品管理、活动设置、财务管理和店铺管理。其中，店铺管理是新卖家在学习 Shopee 其他功能之前需要首先学习的内容，在店铺管理中，卖家需掌握店铺介绍设置、物流和地址设置、产品评价查看、我的表现和计分、卖场设定、隐私设置、聊天设置、通知设置和账户设置等内容。

4.2.1 登录卖家后台

完成 Shopee 账户注册的卖家，可以使用注册的账户登录各个市场的卖家后台。登

录卖家后台有两种方式：一是通过卖家中心登录入口，二是通过 Shopee 大学网址。

1. 通过卖家中心登录入口

新加坡：https: //seller.shopee.com.sg/

马来西亚：https: //seller.shopee.com.my/

印度尼西亚：https: //seller.shopee.com.id/

泰国：https: //seller.shopee.com.th/

菲律宾：https: //seller.shopee.com.ph/

越南：https: //seller.shopee.com.vn/

打开需要登录的市场所对应的卖家中心后台网址，输入正确的账户和密码，点击“Log in”（登录）按钮，便可以登录相应市场卖家中心后台（见图 4-16）。

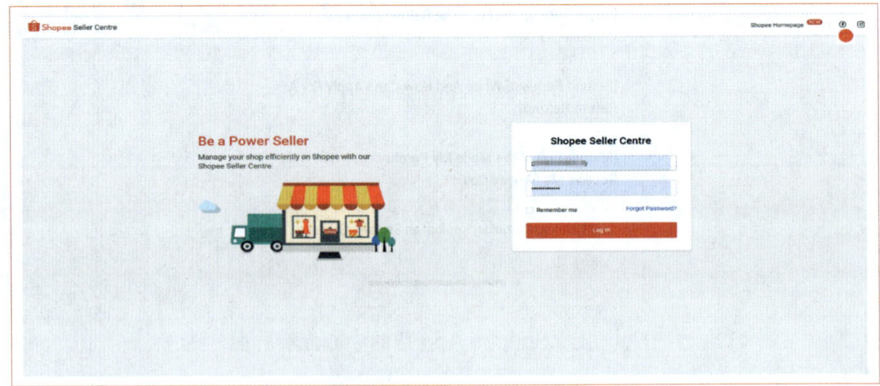

图 4-16　Shopee 卖家登录界面

中国卖家中心（CNSC）现已上线，它是为中国跨境卖家定制的卖家后台（见图 4-17）。根据中国卖家中心各功能支持的时间及其他相关标准，卖家将会分批次升级至中国卖家中心，预计到 2021 年底卖家将全面升级至中国卖家中心。

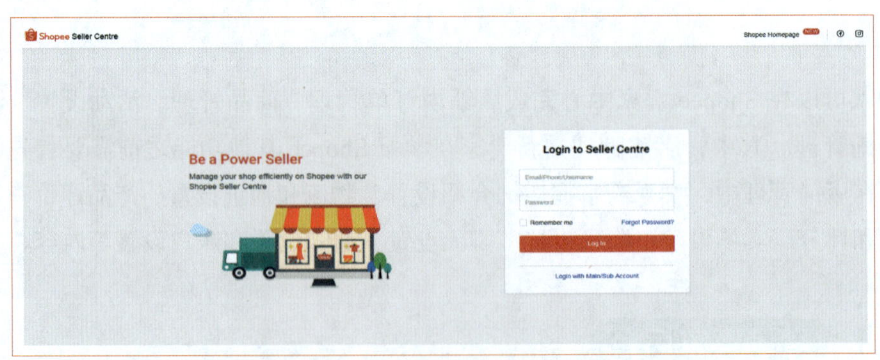

图 4-17　中国卖家中心登录界面

2. 通过 Shopee 大学网址

Shopee 大学网址：https: //shopee.cn/。在 Shopee.cn 的首页，将页面拉至最下方，可以查看以下页面（见图 4-18）。

图 4-18 Shopee 大学查看界面

卖家中心：点击进入对应站点的卖家后台。

购物站点：点击进入对应站点的前台官网。

联系我们：卖家可以通过客服热线联系。

Shopee App：点击下载 Shopee 的手机应用。

微信官方公众号：扫一扫关注 Shopee 官方公众号，获取 Shopee 的最新动态。

4.2.2 Shopee 卖家中心首页介绍

通过 Shopee 卖家中心，卖家可以上传和编辑商品、设置店铺物流、查看店铺订单、操作发货、管理店铺收入、查看店铺表现等。

Shopee 卖家中心首页见图 4-19。

1. 左侧导航栏

1）订单（Order）：可以查看店铺销售产生的订单、需要操作发货的订单以及退货退款订单；

2）商品（Product）：可以查看店铺所有商品、添加商品以及下架商品；

3）营销中心（Marketing Centre）：可以购买平台关键字广告服务、报名参与平台促销活动以及设置店铺优惠券等；

4）财务（Finance）：可以查看店铺收入、绑定 Shopee 平台支持的第三方支付平台账户；

5）数据（Data）：可以查看店铺表现的关键数据、店铺评分和表现等；

6）商店（Shop）：可以查看和修改关于卖场装饰、语言设置相关的设定；

7）设置（Setting）：可以查看商店设定、隐私设定、聊天设定和通知设定等。

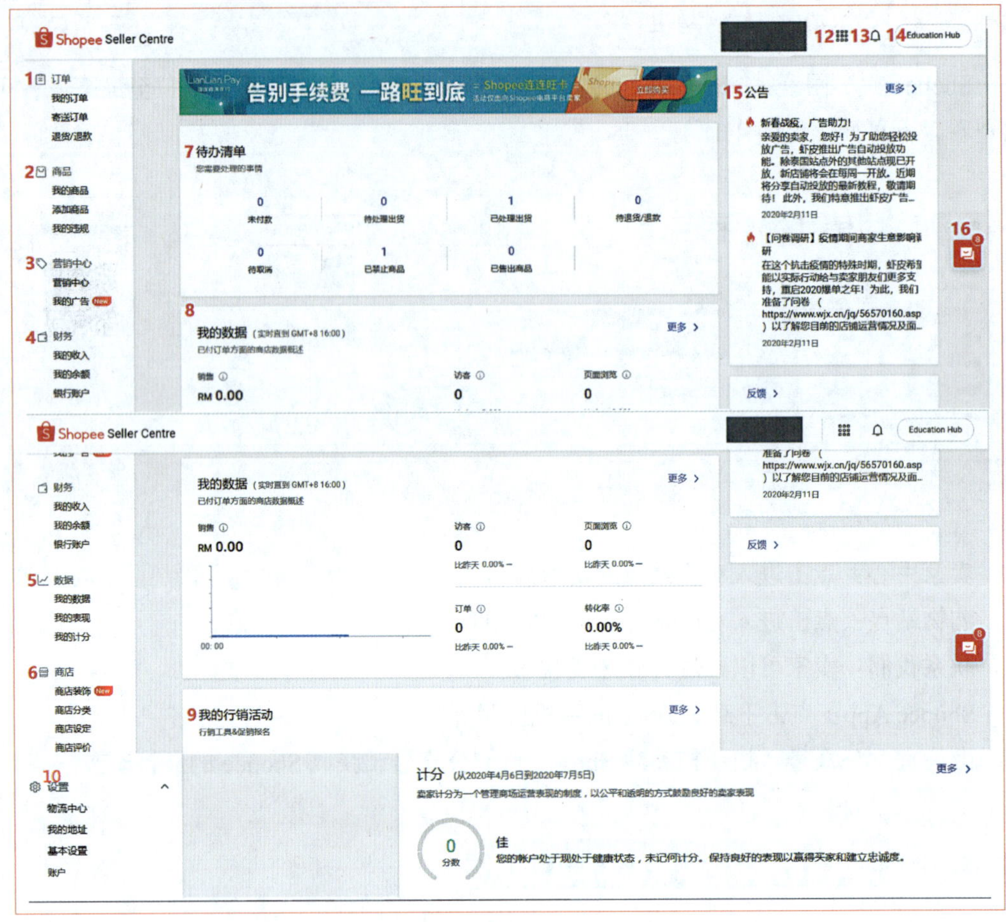

图 4-19　Shopee 卖家中心首页

2. 中部面板

1）待办清单（To Do List）：显示需要卖家处理发货、待同意退款或者取消订单申请的概况；

2）我的数据（My Data）：数据概览，可以了解店铺相关表现；

3）我的行销活动（Marketing Centre）：显示近期正在进行报名的活动。

3. 右侧面板

1）九宫格：可以快速导航至后台的任一模块；

2）铃铛：显示订单、产品、行销活动等相关的通知；

3）Education Hub：每个站点的帮助中心；

4）公告（Announcement）：每个站点的重要通知；

5）聊天对话框：点击可查看和回复聊聊消息，与顾客沟通。

4.2.3 Order/订单

打开卖家中心首页，点击“Order Management”（订单管理）—“My Orders”（我的订单），进入“My Orders”界面，可以查看有关店铺订单支付、物流及退货/退款信息（见图 4-20）。

图 4-20 Shopee 卖家中心订单界面

如图 4-21 所示，从左至右分别为：“All”（全部）、“Unpaid”（尚未付款）、“To Ship”（待出货）、“Shipping”（运送中）、“Completed”（已完成）、“Cancellation”（取消）、“Return/Refund”（退货/退款）等分类栏，点击相应分类可查看该类情况下的所有订单。

在“Search Order”搜索订单框输入订单编号可以查询对应的订单（见图 4-22）。

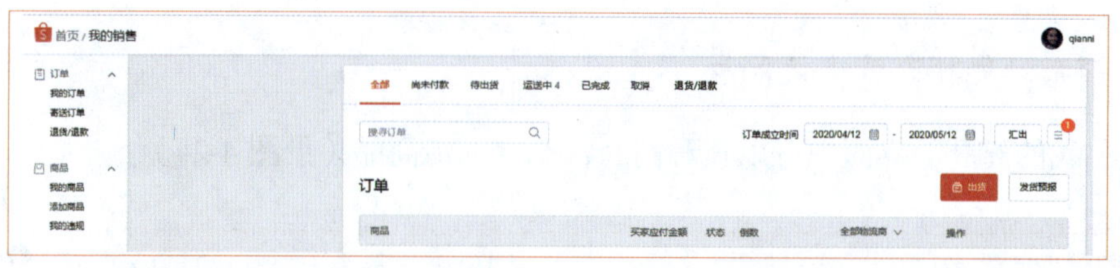

图 4-21 Shopee 卖家中心—全部订单界面

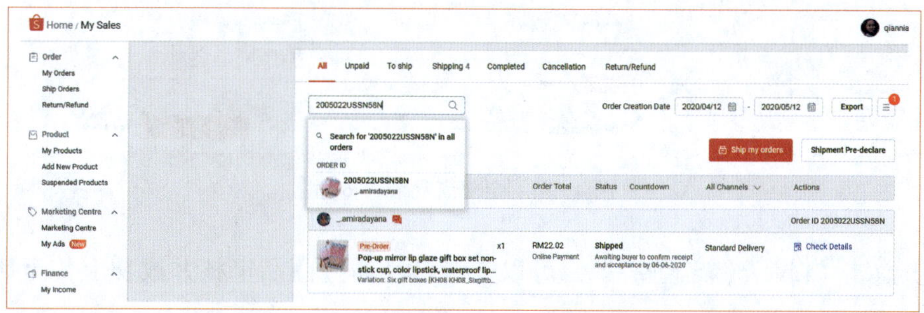

图 4-22 Shopee 卖家中心—订单查询界面

点击“Check Details”（查看详情）或者订单的任意位置，即可查看相应订单信息，包括物流状态、买家收货地址、订单产品及订单金额等。

4.2.4 Product/ 商品

1. 打开“我的商品”界面

点击“Product”(商品)—“My Products”(我的商品)，进入“My Products”界面（见图 4-23）。

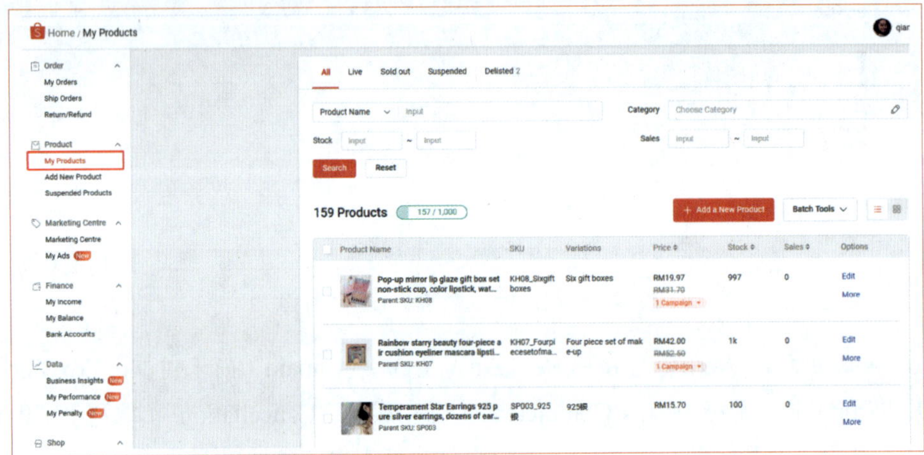

图 4-23　Shopee 卖家中心—“我的商品”界面

2. 查看商品状态或上传商品

在“我的商品”界面中可以查看商品状态或上传商品（见图 4-24）。

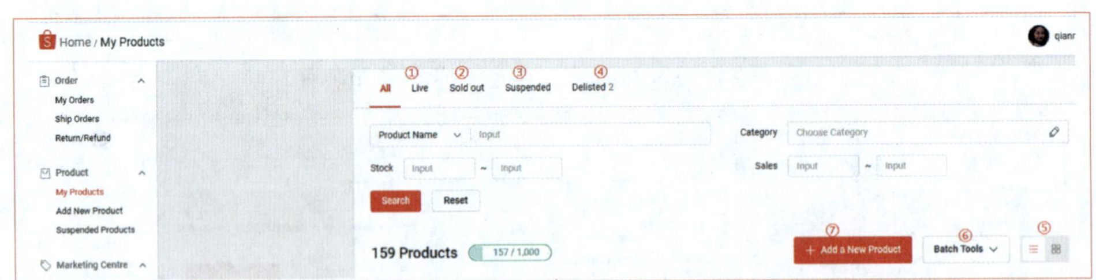

图 4-24　全部商品查看界面

1）点击“Live”（架上商品），可以查看已经通过商品审核并成功上传至店铺的商品。

2）点击“Sold out”（已售罄），可以查看店铺中已售罄的商品。

3）点击“Suspended”（已禁卖），可以查看店铺被禁止出售的商品，点击相应商品还可查看该商品被禁止出售的原因。

4）点击“Delisted”（未刊登），可以查看店铺中还未刊登的商品，在未刊登商品全部完成刊登之前，店铺不能增添上传新商品。

5）点击右下角的方格，可以切换选择“图片浏览”和“列表浏览”两种浏览方式。

6）点击“Batch Tools”（批次动作），可以进行商品批量上传操作。

7）点击“+Add a New Product”（新增商品），可以进行商品单个上传操作。

4.2.5 Marketing Centre/ 营销中心

在卖家中心首页，点击“Marketing Centre”，进入 Shopee“我的行销活动”界面（见图 4-25）。

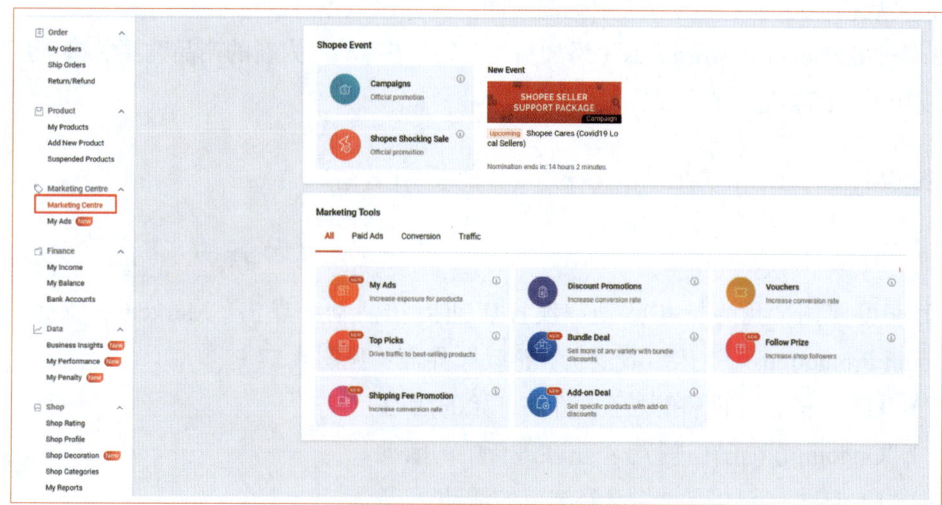

图 4-25　Shopee 卖家中心—营销中心界面

卖家可以在“我的行销活动”中设置店铺各类促销活动，包括“My Ads”（我的广告）、“My Discount Promotions”（我的折扣活动）、“Vouchers”（优惠券）、“Top Picks”（热门精选）、“Bundle Deal”（热门精选）、“Follow Prize”（关注礼）、“My Shipping Promotion”（运费促销）、“Add-on Deal”（套装优惠）。

1.“My Ads”（我的广告）

通过购买关键词广告，可以提高产品在 Shopee 平台上的曝光度，点击“Marketing Centre”—“My Ads”—“Keyword Ads”（关键词广告），进入“Keyword Ads”界面（见图 4-26）。

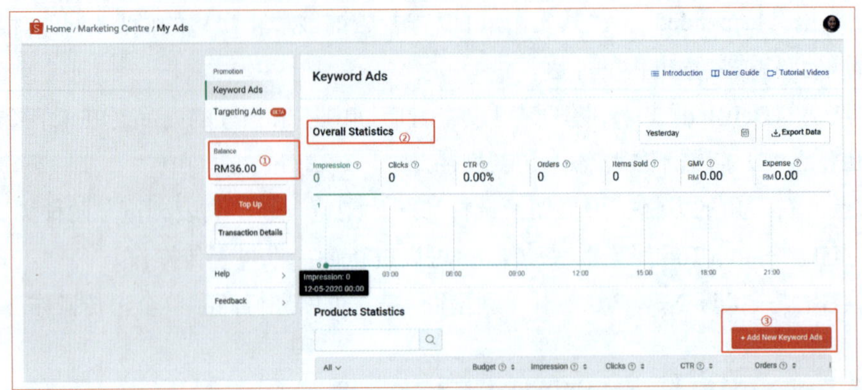

图 4-26 营销中心关键词广告操作界面

1）“Balance”（余额）：目前关键词广告充值账户中的可用余额。

2）“Overall Statistics”（整体数据）：所购买关键词浏览数、点击数、点击率、订单数等相关数据，可选择需要查看数据的时间段及导出数据。

3）“+Add New Keyword Ads”（添加新的关键词广告）：为新的产品购买关键词广告，购买成功的产品会显示在下方。

2. “My Discount Promotions”（我的折扣活动）

（1）设置店铺折扣活动

卖家可使用“我的折扣活动”设置店铺折扣活动，点击“Marketing Centre”—“Discount Promotions”进入“我的折扣活动”界面（见图 4-27）。

1）“Upcoming”（即将开始）：即将开始的活动。

2）“Ongoing”（正在进行）：正在进行中的活动。

3）“Expired”（已失效）：已经结束的活动。

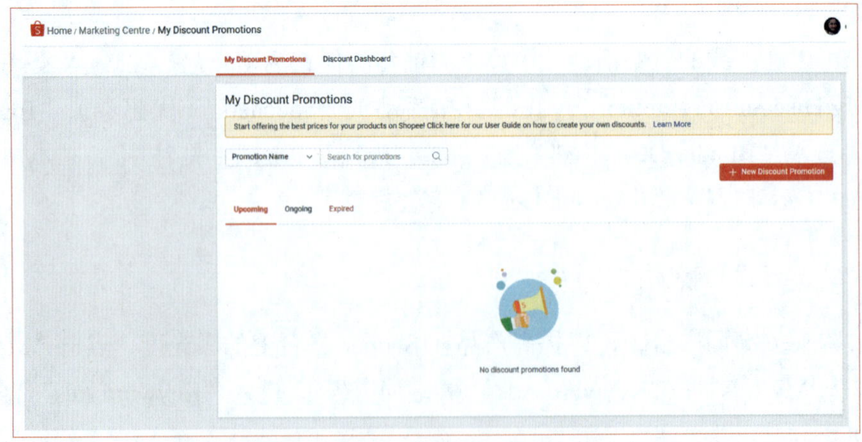

图 4-27 营销中心折扣活动设置界面

（2）添加新的折扣活动

卖家可点击“+ New Discount Promotion”（添加新的折扣），设置店铺折扣活动。具体操作如下：

1）点击右上角“+ New Discount Promotion”按钮（见图 4-28）。

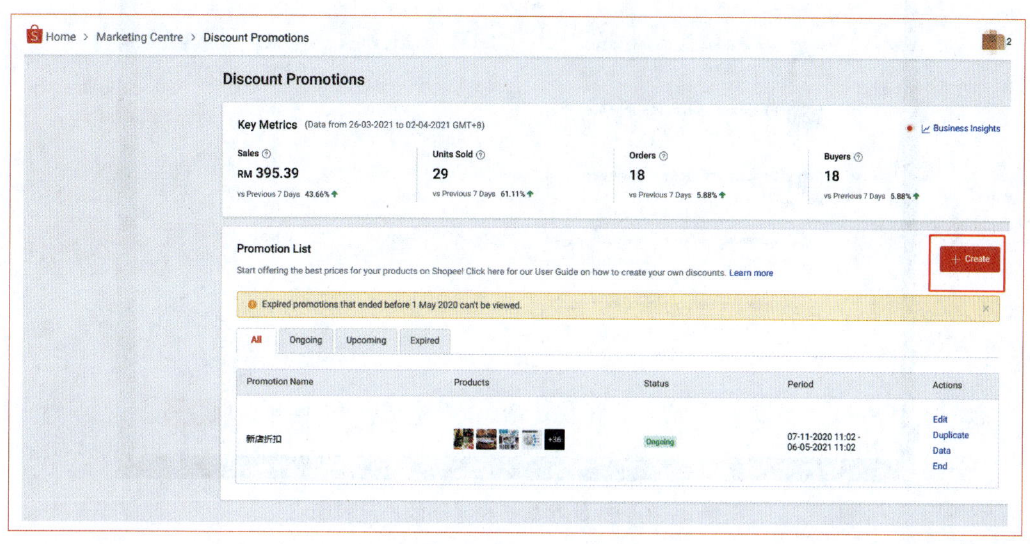

图 4-28 新增折扣活动界面

2）输入活动名称及活动时间。其中活动名称仅作为卖家参考，买家在前端不会看到。活动开始时间最早为设置时间 24 小时之后，最短活动时间为 1 小时，活动时间一旦设置，将无法延长，只能缩短或者删除重设（见图 4-29）。

3）选择店铺内部分产品参加打折活动，也可以通过勾选“Select All”（全选），选择所有产品，选择完成后点击“Confirm”（确认）保存（见图 4-30）。

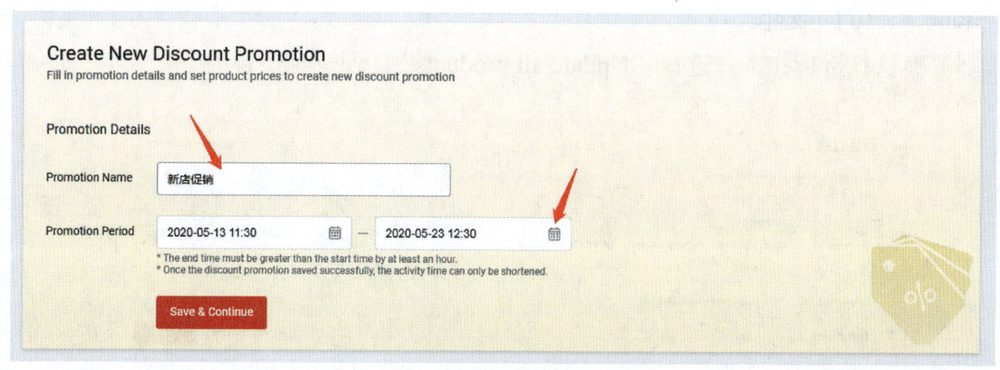

图 4-29 新增折扣活动相关信息填写界面

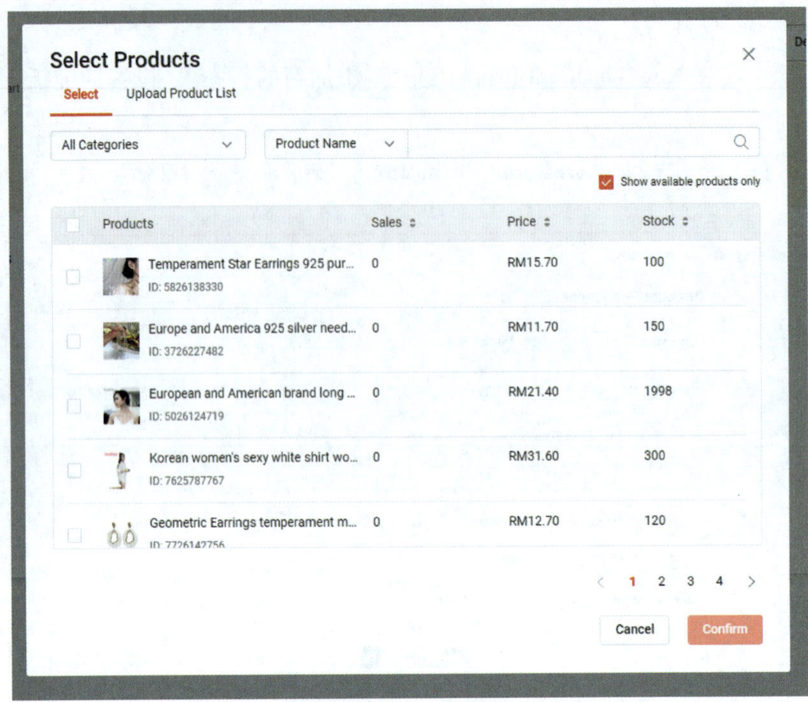

图 4-30　选择参与折扣活动的产品界面

4）设置折扣和买家购买上限。可选择 “Update all products”（更新所有产品）或者 “Update selected products”（更新已选择的产品）。需要注意以下几个方面：

- 如果不需要设置购买上限，则把 “Purchase Limit”（购买上限）值设为 0（默认值）。
- 同一个活动下的不同产品，可以设置不同的折扣和购买上限。
- 编辑单个商品时能直接设置折后价格，系统会自动计算商品折扣比例。
- 购买上限因 “Variation”（单一变体）不同而不同，如一件产品有 3 个单一变体，如果购买上限设置为 10，那么每个用户可以购买 Variation 1×10 + Variation 2×10 + Variation 3×10 的数量。

5）确认打折折扣，并选择 “Update all products”（见图 4-31）。

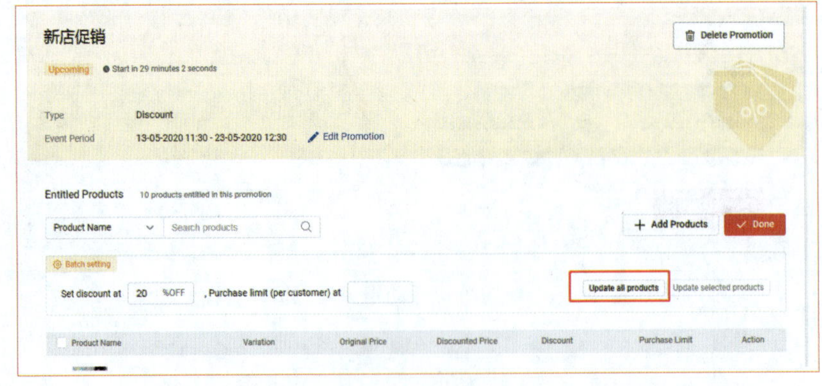

图 4-31　折扣设置后更新到所有产品界面

6）信息确认无误后，点选“Done”（完成），即完成了一次折扣活动的设置。

3.“Vouchers”（优惠券）

卖家可自行设置适用于店铺所有产品的优惠券及仅适用于选定商品的优惠券，并针对不同的优惠券设定相应的使用额度要求、可领取优惠券数量、优惠券有效时间等。在卖家中心点击“Marketing Centre”—“My Vouchers”（我的优惠券），进入“My Vouchers”界面（见图 4-32）。

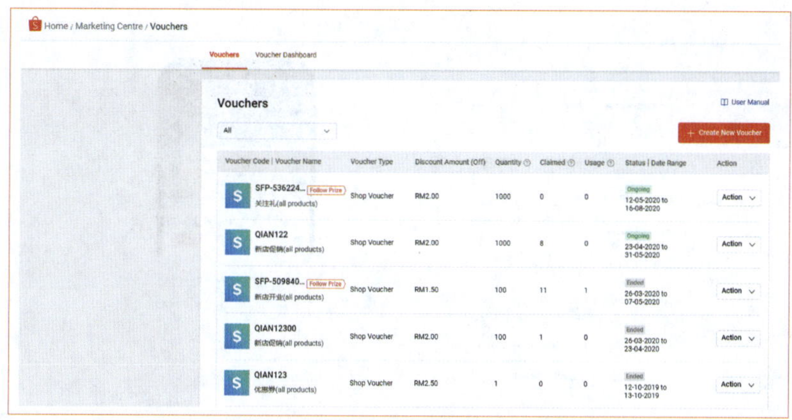

图 4-32 营销中心优惠券设置界面

（1）新建“Shop Voucher”（店铺优惠券）

店铺优惠券即适用于店铺所有产品的优惠券，当买家付款订单符合优惠券满减额度即可使用。

1）选择“Create New Voucher”—“Shop Voucher”，进入新建店铺优惠券界面（见图 4-33）。

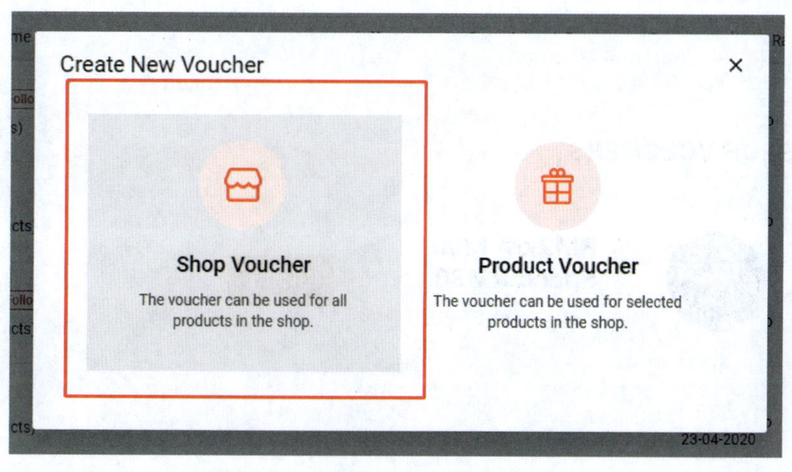

图 4-33 新建店铺优惠券设置界面

2）在新建店铺优惠券界面，可设置“Voucher Name”（优惠券名称）、“Voucher Code”（优惠券代码，可将优惠码直接分享给买家使用）、“Reward Type”（优惠类型，有最高满减和最高打折两种类型）、“Discount Type | Amount”（折扣类型 | 折扣额度限制）、“Minimum Basket Price”（最低满减消费金额）、“Voucher Start / End Date”（优惠券开始 / 结束时间）和“Voucher Quantity”（优惠券数量）（见图 4-34）。

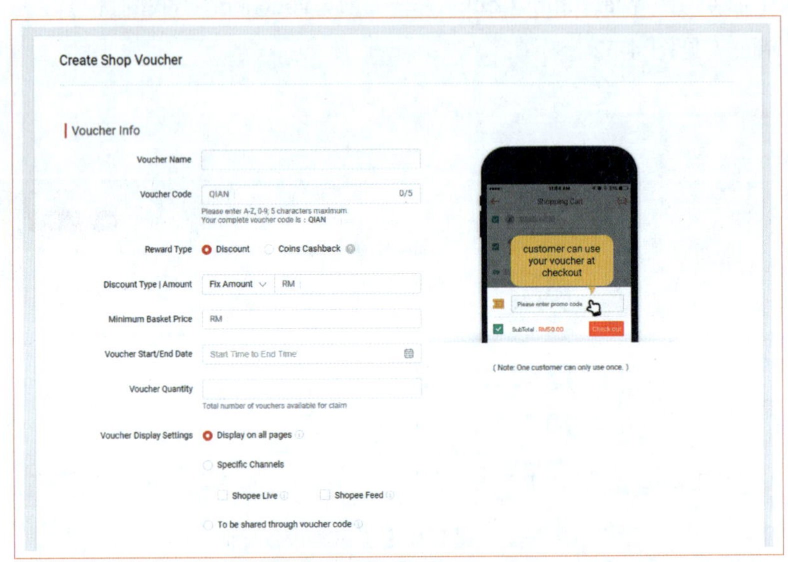

图 4-34　新建店铺优惠券详细设置界面

3）设置“Voucher Display Page”（优惠券显示界面），可选择在店铺首页中显示，也可选择不显示。在店铺首页显示的优惠券，所有买家都可以领取使用。若不在店铺首页显示优惠券，则需要单独分享给相应的买家使用。

4）点击“Save”，保存设置好的优惠券。从前台店铺首页可检查已经设置好的店铺优惠券（见图 4-35）。

图 4-35　新建店铺优惠券生成确认界面

（2）新建“Product Voucher”（商品优惠券）

商品优惠券，又称隐藏型优惠券，是仅针对店铺内单个或多个商品的优惠券，适用于需要给部分商品设置折扣的场景，通常在店铺主题活动中设置使用。

1）选择“Create New Voucher”—“Product Voucher”，进入产品优惠券设置界面（见图 4-36）。

图 4-36　新建商品优惠券设置界面

2）设置“Voucher Name”（优惠券名称）、“Voucher Code”（优惠券代码）、“Reward Type”（优惠类型）、“Discount Type | Amount”（折扣类型 | 折扣额度限制）、“Minimum Basket Price”（最低满减消费金额）、“Voucher Start / End Date”（优惠券开始 / 结束时间）和“Voucher Quantity”（优惠券数量），设置方法同店铺优惠券。不同点是，商品优惠券不能选择在店铺买家端首页展示（见图 4-37）。

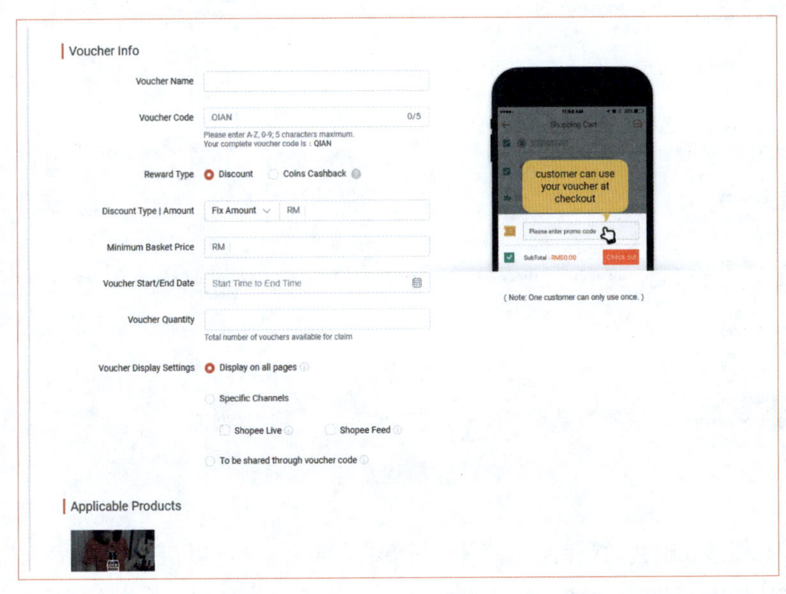

图 4-37　新建商品优惠券详细设置界面

3）点击“Save”（保存），生成商品优惠券（见图 4-38）。

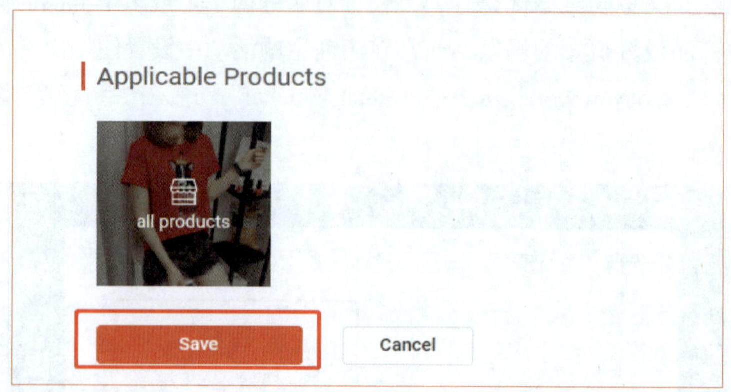

图 4-38 新建商品优惠券生成确认界面

（3）编辑现有优惠券

经常查看优惠券使用情况，根据优惠券认领情况调整满减额度，有利于提高店铺转化率，同时可通过点击“Details”（详情）编辑现有优惠券。店铺优惠券设置界面见图 4-39。

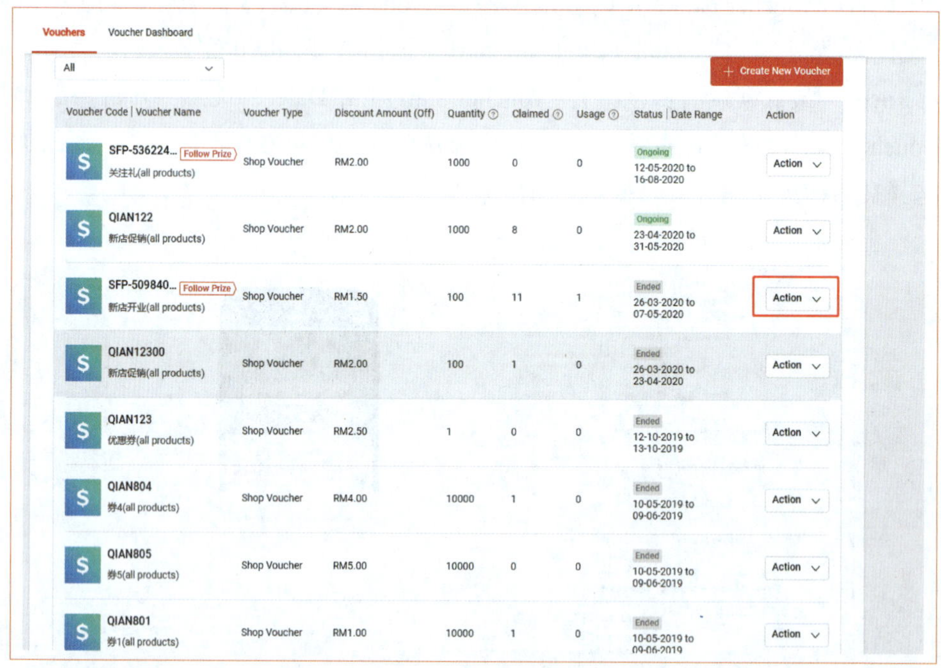

图 4-39 店铺优惠券设置界面

进入需要修改的优惠券界面后点击“Edit”（编辑），可以进入编辑界面，修改方法和新建优惠券相同（见图 4-40）。

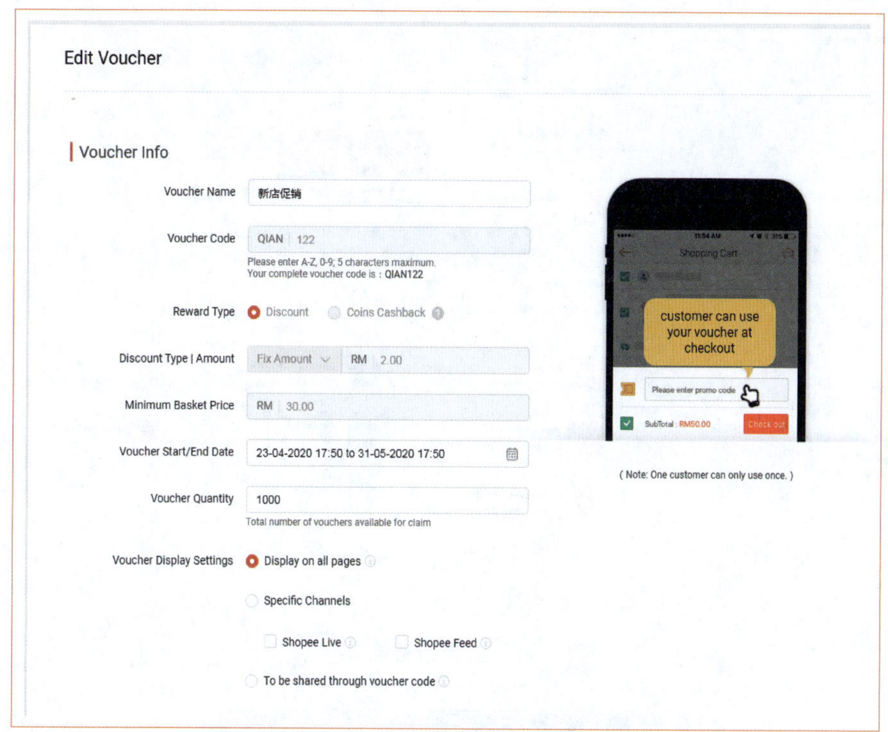

图 4-40　优惠券编辑界面

同时还可以通过点击“Stop”（停止）来提前结束一个优惠券的使用（见图 4-41）。

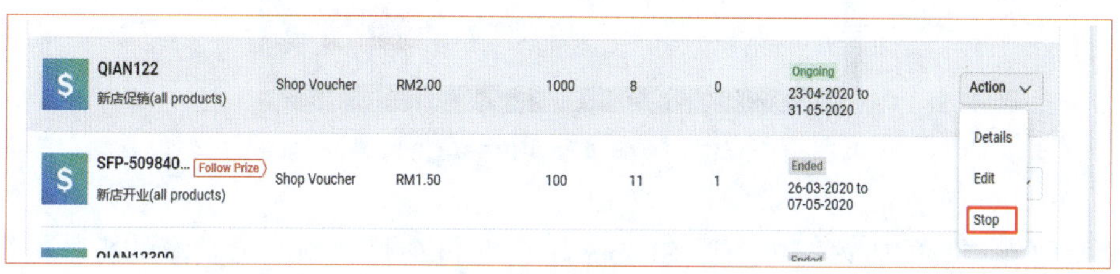

图 4-41　优惠券停用操作界面

4.2.6 Finance/ 财务

在卖家中心可以使用“财务管理”模块进行财务管理，卖家可以使用“财务管理”功能管理店铺的订单收入情况（见图 4-42）。

1. “My Income”（我的收入）

为了保障卖家的账户安全，进入“我的收入”前需要再次验证店铺登录密码（见图 4-43）。卖家会在新店开通后通过子母账号设置钱包密码。

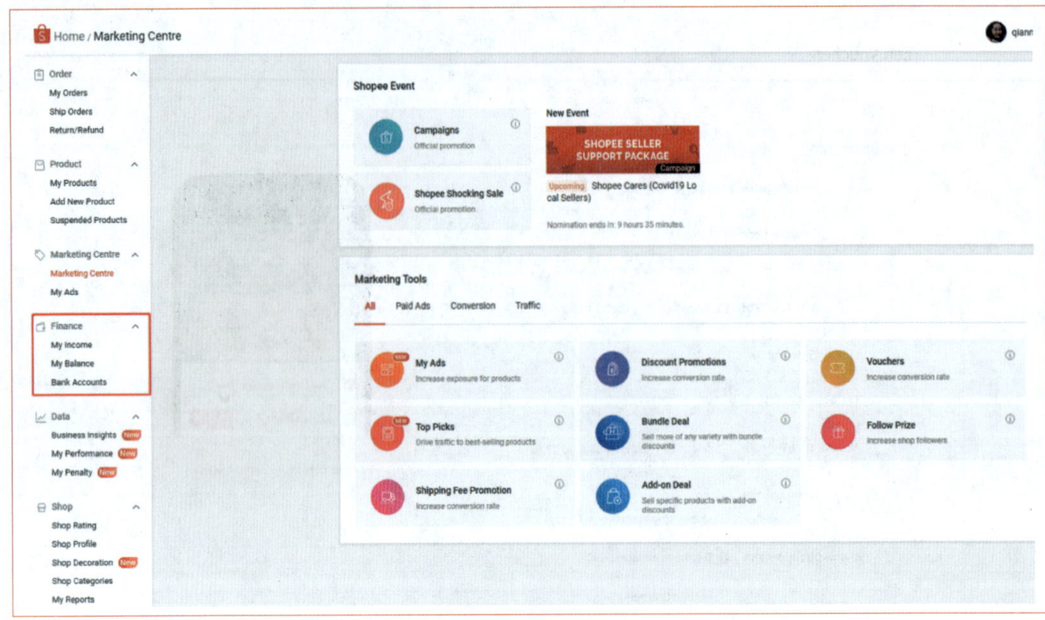

图 4-42　卖家财务模块界面

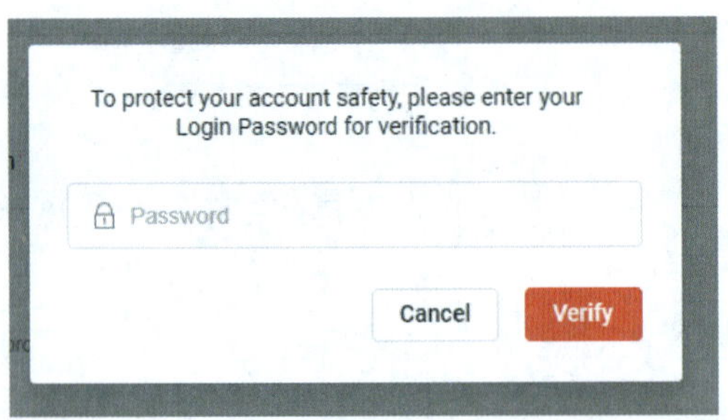

图 4-43　收入模块钱包密码设置界面

卖家可在“我的收入”中查看 Shopee 平台在每个打款周期给卖家的打款情况（见图 4-44）。

1）标志 1 从左至右分别为“To Release”（即将拨款）、“Released”（已完成拨款）。

2）标志 2 为即将拨款或者已拨款的金额。

3）标志 3 点击切换查看相应分类的订单及对应的打款金额等信息，并且点击需要查看订单的任意位置即可进入订单详情界面，可查看详细的订单信息。

4）右上角的下载图标，可以导出对应时间段的打款明细；Shopee 每月打款两次。

2. “My Wallet”（我的钱包）

卖家可在“我的钱包”当中绑定卖家用于接收 Shopee 打款的第三方收款账户。目前 Shopee 平台支持卖家绑定 LianLian Pay（连连跨境支付）、PingPong 及 Payoneer（派安盈）第三方收款工具（见图 4-45）。

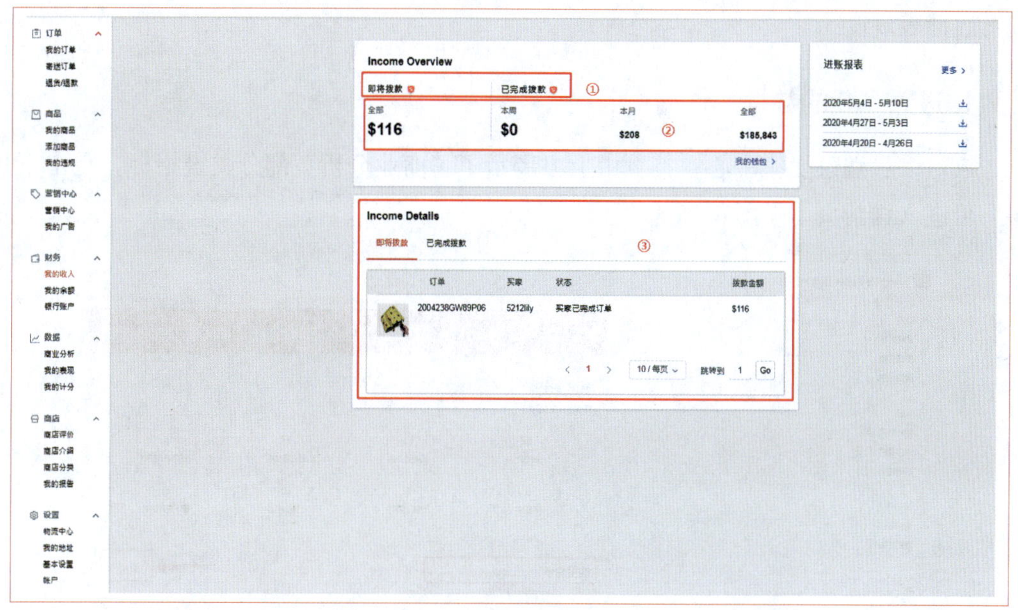

图 4-44　收入模块操作界面

图 4-45　Shopee 支持卖家使用的第三方收款工具

1）跨境卖家只需要绑定第三方收款工具即可，不需要绑定银行卡。

2）已有 LianLian Pay、PingPong 或 Payoneer 账户的卖家，选择需要绑定的账户类型，点击“Register / Login”按钮之后，关联已有账户即可。

3）尚未开通 LianLian Pay、PingPong 或 Payoneer 账户的卖家，点击“Register / Login”按钮之后，按照页面提示填写相关信息注册相应账户即可使用。

4）若账户成功绑定，则在卡片上会显示“Active”（已激活）；未能成功绑定或者未操作绑定的账户会显示“Not Active”（未激活）。

5）需要注意的是，为了加强卖家账户安全，目前进入“我的钱包”需要独立的钱包密码，新卖家可直接通过子母账号设置钱包密码。

4.2.7 Data/ 数据

可以通过商业分析板块查看店铺和商品维度的各项运营指标，从而运用数据更好地

提升店铺表现度。

1. 进入“我的数据”详情页面

入口一：登录卖家中心，首页中上方展示了“商业分析”部分关键指标，点击“更多”可进入详情页（见图 4-46）。

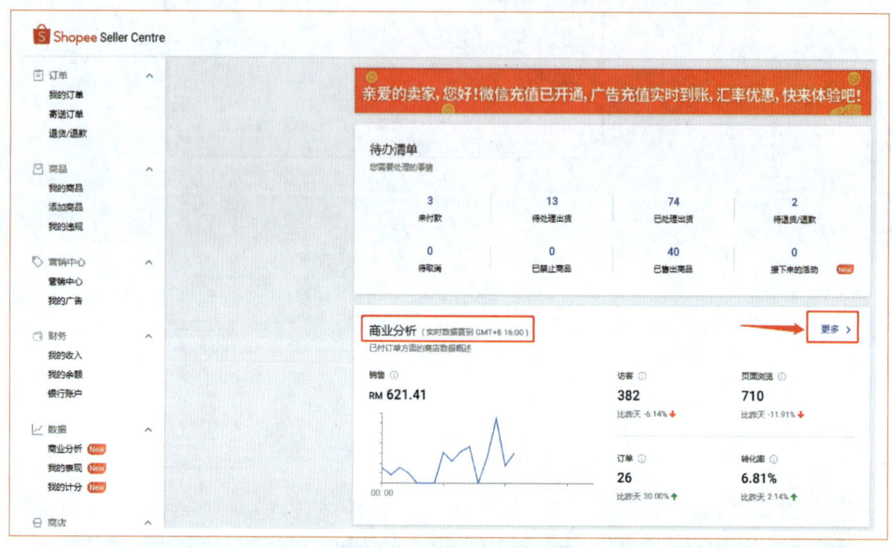

图 4-46　Shopee 数据面板—商业分析界面入口（1）

入口二：进入卖家中心首页，在左侧导航栏中点击“数据”进入详情页（见图 4-47）。

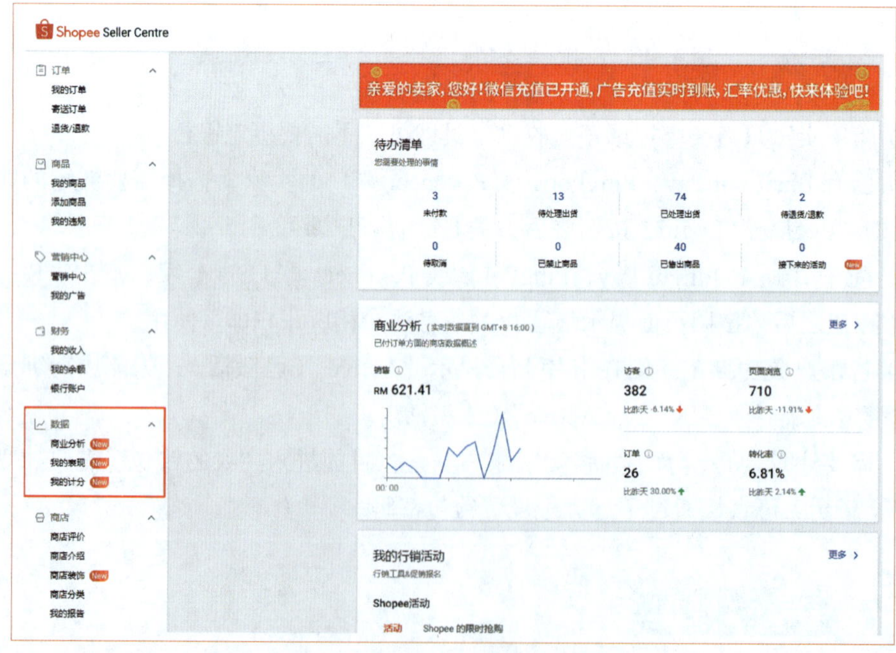

图 4-47　Shopee 数据面板—商业分析界面入口（2）

入口三：鼠标移至右上角九个小点处，在出现的下拉菜单中，点击“商业分析”进入详情页（见图 4-48）。

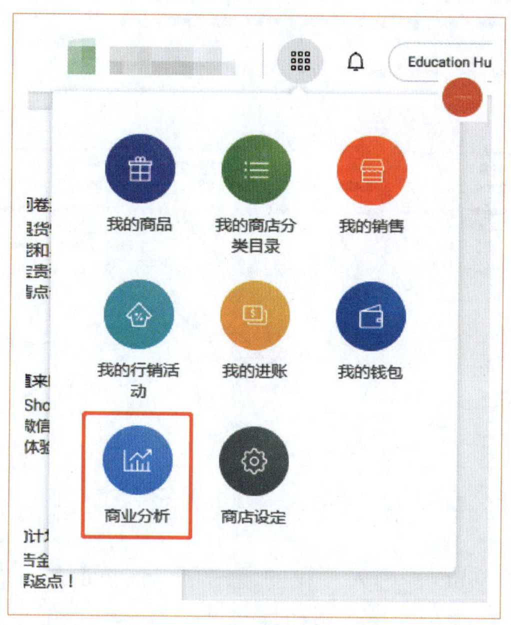

图 4-48　Shopee 数据面板—商业分析界面入口（3）

2. 商业分析——仪表板

商业分析界面主要包括以下板块（见图 4-49）：

第一，仪表板（Dashboard）：可以查看店铺关键指标、买家概述、商品排名及分类排名四个维度的数据，了解店铺整体的运营表现；

第二，流量（Traffic）：可以查看有关店内浏览量和店内访客数分布的数据（包括商店主页和商品详情页）；

第三，商品（Product）：可以查看概述、表现及商品诊断三个维度的数据，了解商品维度的表现；

第四，销售（Sales）：可以查看销售概述和销售结构两个维度的数据，了解销售表现和趋势；

第五，行销（Marketing）：可以查看行销活动相关的数据，根据活动表现寻找提升空间；

第六，聊天（Chat）：可以查看聊聊询问率、聊聊回应率和转化率；

第七，直播和动态（Live Stream & Feed）：可以查看直播和 Shopee 动态的表现；

第八，销售辅导（Selling Coach）（仅对部分卖家开放）：通过最畅销商品、热门商品、相似商品、热门关键词四类数据可以帮助卖家发现新的商机，并提高转化率；

第九，常见问题（FAQ）：在商业分析中新增了“常见问题”模块，对一些常见问题做出解答，为卖家提供更好的指导。

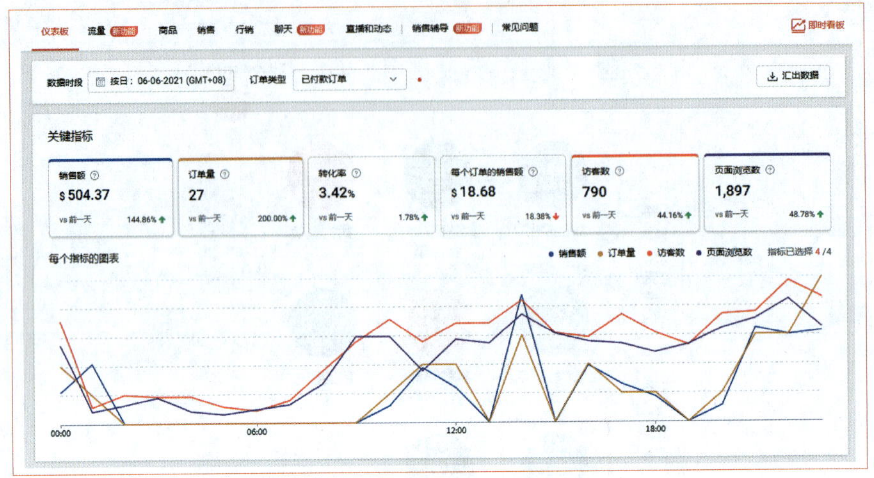

图 4-49　Shopee 商业分析—仪表板界面

查看仪表板（数据总览），进入“我的数据”详情页面后，在顶部可以看到“仪表板”“流量”“商品”和“销售”等，可以通过“仪表板”相关指标获取店铺整体的运营信息。对于每个指标的含义，可点击指标右侧图标进行查看。

注意：当时间范围选择“今日实时”时，“买家概述”板块隐藏。

（1）筛选时间范围和订单类型

在“仪表板”板块下，卖家可根据统计分析的需要，对店铺数据统计的时间段和订单类型进行筛选，所有指标都基于已选择的订单类型和时间段。卖家既可以直接在线查看，也可以点击页面右上方“汇出数据”，下载到表格中查看。

1）筛选时间范围：点击右上方下拉菜单，选择想查看的时间段（见图 4-50）。

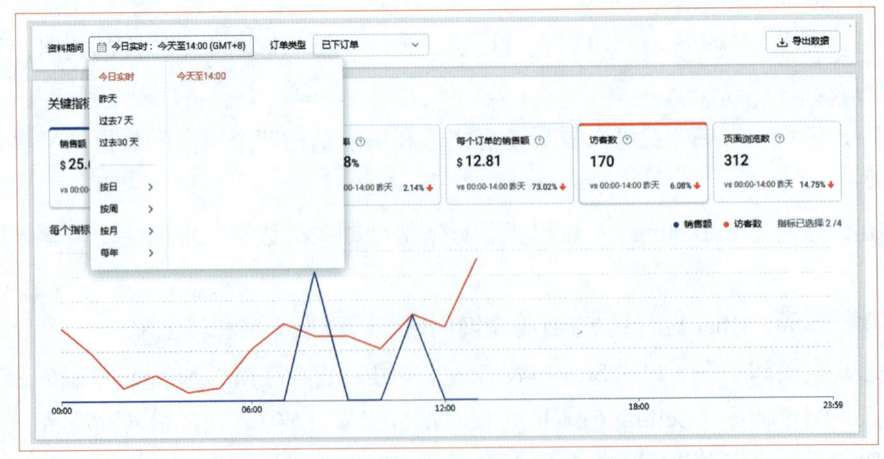

图 4-50　汇出数据界面

2）筛选订单类型：点击页面左上方下拉菜单，选择想查看的订单类型。目前，平台提供以下三种订单类型供卖家选择（见图 4-51）。

- 已下订单：指所选时间范围内所有买家下单的订单（包含所选时间段内已下单但未付款的订单）。
- 已付款订单：指所选时间范围内所有完成付款的订单（包括在所选时间段之前下单，但在所选时间段内完成付款的订单）。
- 已确认订单：指所选时间范围内被系统确认的货到付款订单（订单通常在买家下单后约 30 分钟左右被系统确认），或所选时间范围内完成付款的非货到付款订单。

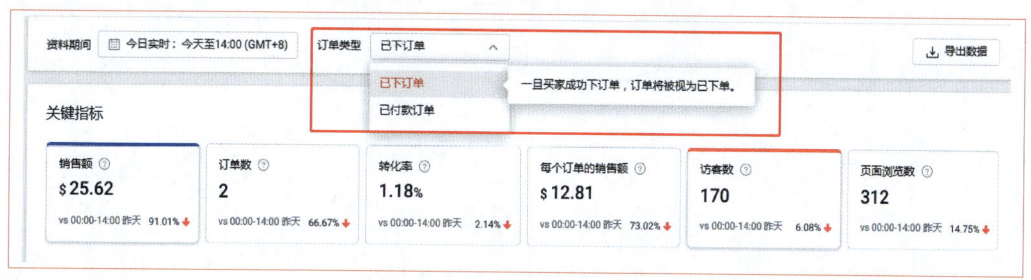

图 4-51 订单类型选择界面

注意：仪表板页面的数据除了关键指标中的“访客浏览数”和“商品浏览数”，都基于所选择的订单类型和时间范围。

“已确认订单”仅适用于开通了货到付款的站点，而对于没有开通货到付款的站点（新加坡 SG 和马来西亚 MY），将不提供这一选项。

建议着重关注“已付款订单”和“已确认订单”两个类型。

下面通过几个例子进行说明。

示例 1：若一个买家在 8 月 20 日下了一笔订单，当天完成付款，则该笔订单会被算入 8 月 20 日的已下订单、已付款订单和已确认订单。

示例 2：若一个买家在 8 月 20 日下了一笔订单，支付方式为非货到付款，8 月 21 日完成付款，则该笔订单会被算入 8 月 20 日的已下订单，以及 8 月 21 日的已付款订单和已确认订单。

示例 3：若一个买家在 8 月 20 日中午下了一笔订单，下单 30 分钟后订单即被系统确认，支付方式为货到付款，8 月 25 日货物运达买家处、买家完成付款，则该笔订单会被算入 8 月 20 日的已下订单和已确认订单，以及 8 月 25 日的已付款订单。

（2）查看关键指标

这部分展示店铺的几个关键指标（见图 4-52）。卖家可以进行如下操作：

1）查看每个指标的具体含义和数值。

2）查看每个指标在当前时间段与上一时间段相比的变化幅度。如果选择的是昨天，那么将显示昨天和前天的对比。

3）任意选择 1 ～ 4 个指标，查看变化趋势。

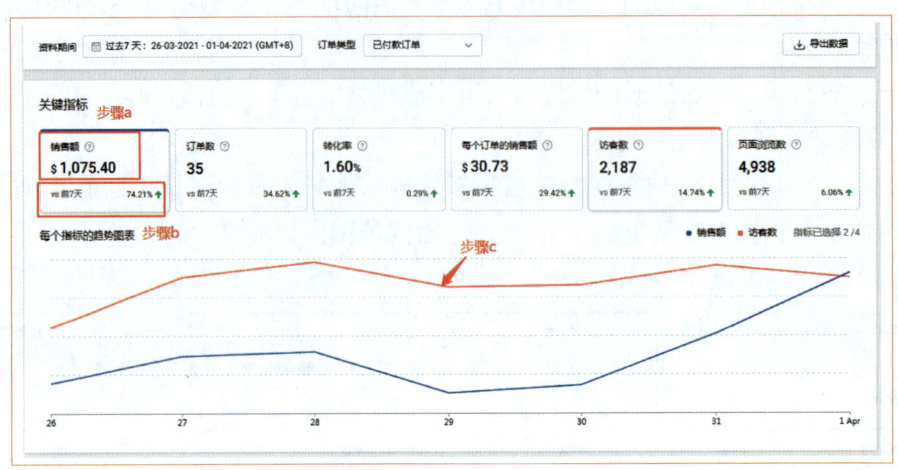

图 4-52　关键指标界面

注意：关键指标中的“访客浏览数”和“商品浏览数”，不会随着订单类型的切换而发生变化。

这部分还展示了买家结构的相关指标。卖家可以进行如下操作：

1）查看每一指标的具体含义和数值；

2）从环形图中查看新买家和现有买家的占比（见图 4-53）；

3）查看每个指标在当前时间段与上一时间段相比的变化幅度。

注意：当时间范围选择“今日实时”时，该部分界面隐藏。

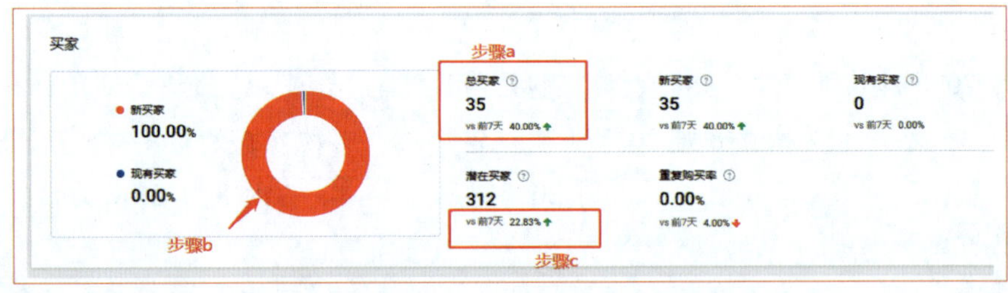

图 4-53　Shopee 买家信息界面

（3）查看商品排名

这部分展示商品排名的相关信息。卖家可以进行如下操作：

1）点击下拉菜单，选择想查看的子类目；

2）选择想查看的排序维度；

3）查看商品排名及指标值；

4）点击商品名称，进入商品前台详情页面（见图 4-54）。

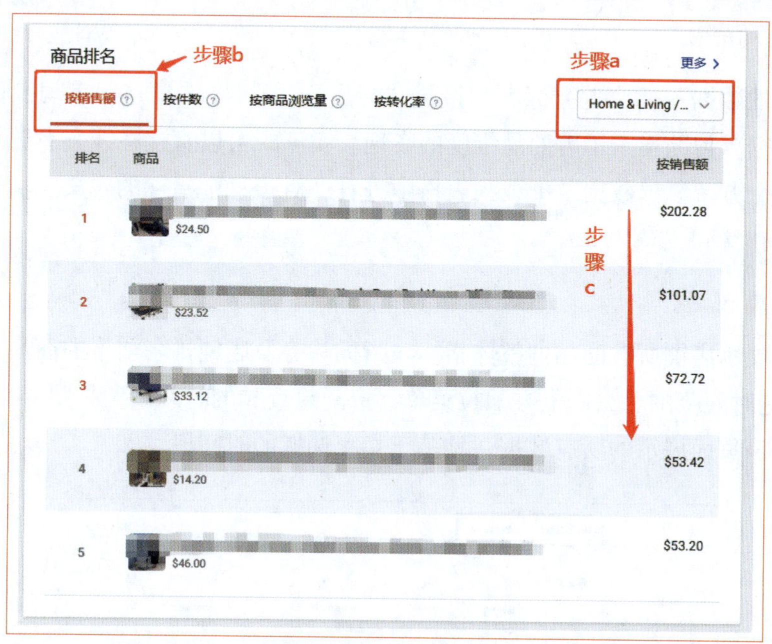

图 4-54　按销售额商品排名界面

（4）查看分类排名

基于所选的订单类型和时间段，这部分会展示店铺总销售额排名前五的子类目及销售额，帮助卖家了解店铺主营类目的销售情况（见图 4-55）。

图 4-55　按销售额分类排名界面

3. 查看商品

将“我的数据”板块上方标签切换至“商品”，即可查看概述、表现及商品诊断三个维度的数据，帮助卖家了解商品维度的表现。卖家既可以直接在线查看数据，也可以点击页面右上方“汇出数据”下载到表格中查看。对于每个指标的含义，卖家可点击指标右侧图标查看。

（1）查看概述

这部分展示店铺所有商品的整体指标、指标趋势及店铺排名前十的商品。

1）筛选时间范围。点击上方下拉菜单，选择想查看的时间段（见图 4-56）。

注意：该页面展示的所有数据，均基于卖家选择的时间段。

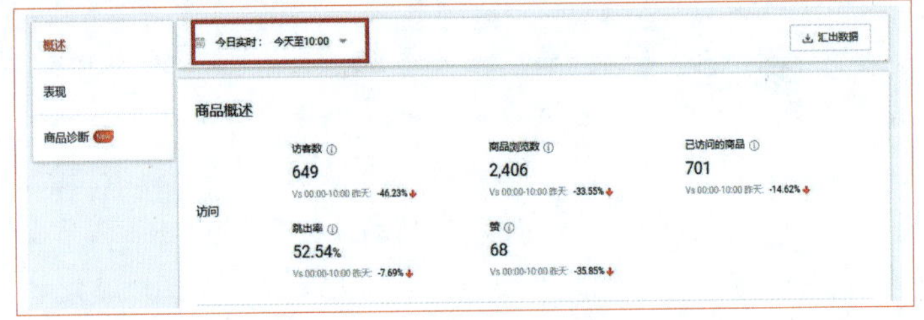

图 4-56　实时数据界面（1）

2）查看商品概述（见图 4-57）。这部分展示商品在访问、加入购物车和已付款订单三个环节的指标。卖家可以进行如下操作：

- 查看每个指标的具体含义和在所选时间段的数值；
- 查看每个指标在当前周期与上一周期相比的变化幅度。

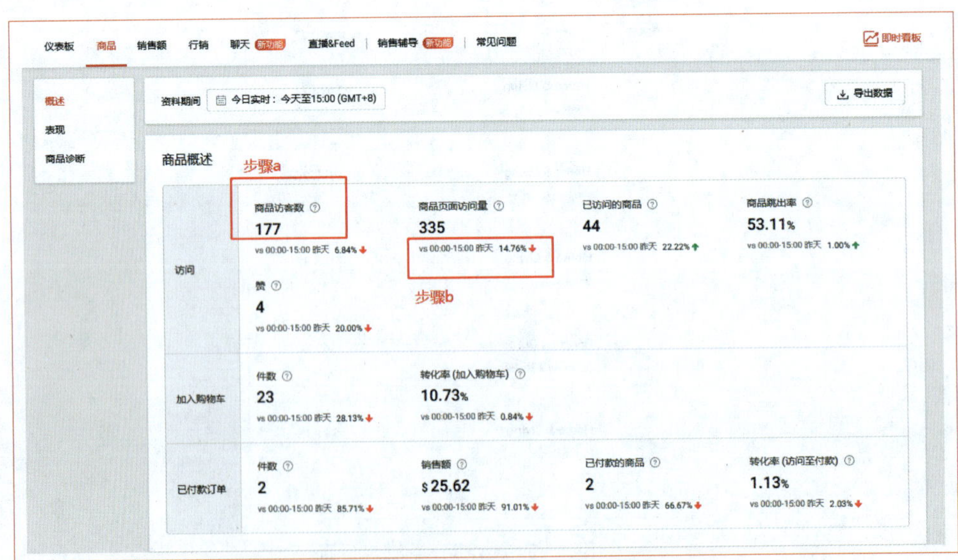

图 4-57　实时数据界面（2）

3）查看指标趋势（趋势分析）。这部分展示店铺商品整体统计指标的变化趋势。卖家可以进行如下操作：

- 卖家可以选择流量、保持和转化相关的任意 1 ～ 4 个指标；
- 查看这些指标在所选时间段内的变化趋势（见图 4-58）。

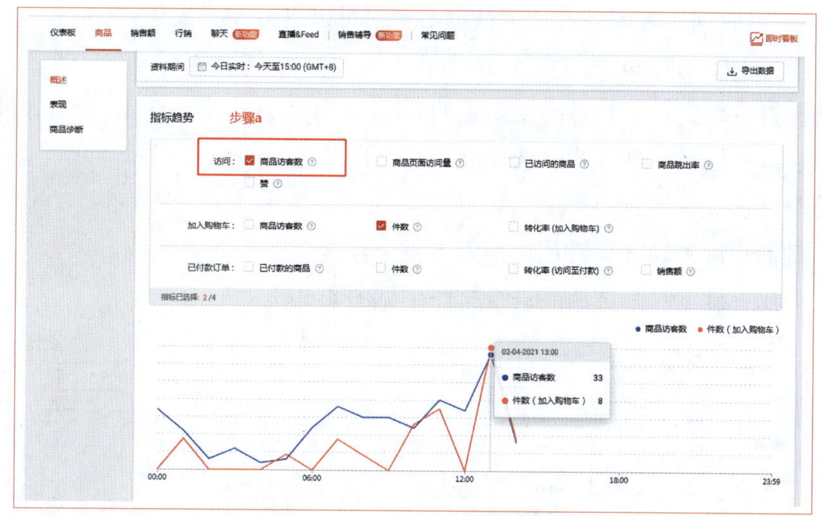

图 4-58　商品指标趋势界面

4）查看商品排名。这部分展示不同维度下店铺排名前十的商品，Shopee 平台提供六个排序维度供卖家选择（见图 4-59）。卖家可以进行如下操作：

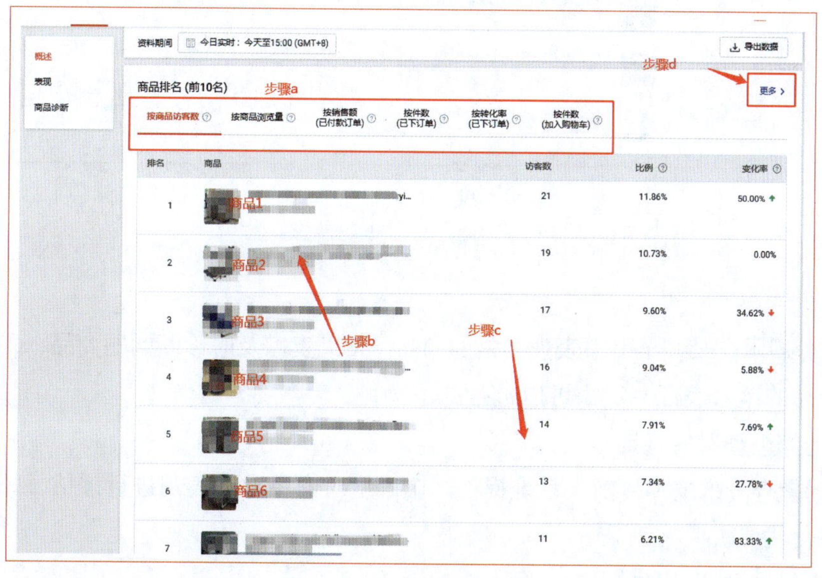

图 4-59　商品排名界面

- 选择想查看的排序维度；

- 查看商品排名、指标值、占比以及指标在当前周期与上一周期相比的变化幅度；
- 点击商品名称进入前台页面；
- 点击“详情”进入“表现”页面，查看所有商品的指标数据。

（2）查看表现

这部分展示店铺所有商品的详情数据。卖家可以进行如下操作：

1）选择想查看的时间段。

2）选择查看维度：从商品维度给定的 24 个指标中，选择 1 ～ 10 个指标进行查看。

3）通过以下任意一种方式筛选商品：

- 按分类筛选：选择分类；
- 按关键词筛选：输入关键词，搜索名称中包含该关键词的商品 。

4）按照任一维度对筛选商品进行排序（见图 4-60）。

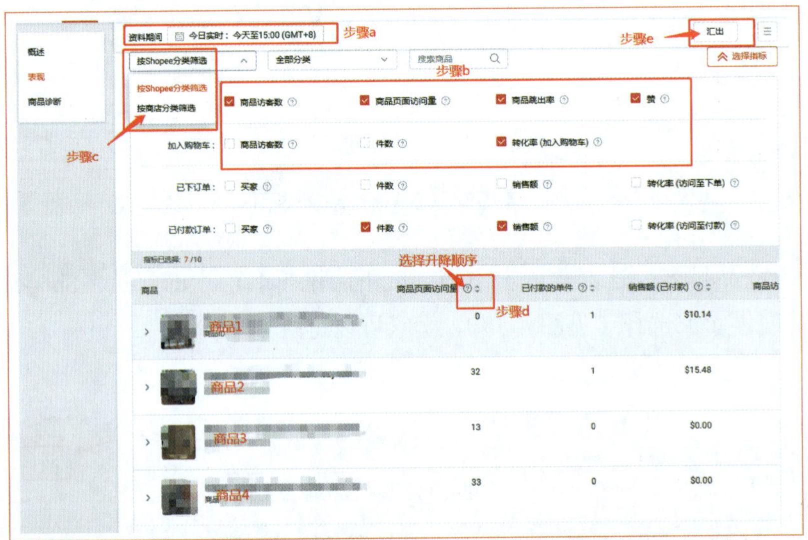

图 4-60　商品表现界面

（3）查看商品诊断

这部分展示在某些维度下表现异常的商品，帮助卖家及时诊断问题商品，采取优化措施提升商品的运营表现。卖家可以进行如下操作：

1）选择想查看的日期；

2）选择查看维度（目前，系统提供 7 个维度对商品异常表现进行评估，每个维度都提供了优化建议）；

3）查看异常商品名单及指标值；

4）点击商品名称，进入商品前台页面查看；

5）点击商品右侧的“编辑”按钮，直接进入商品编辑界面，对商品进行优化（见

图 4-61）。

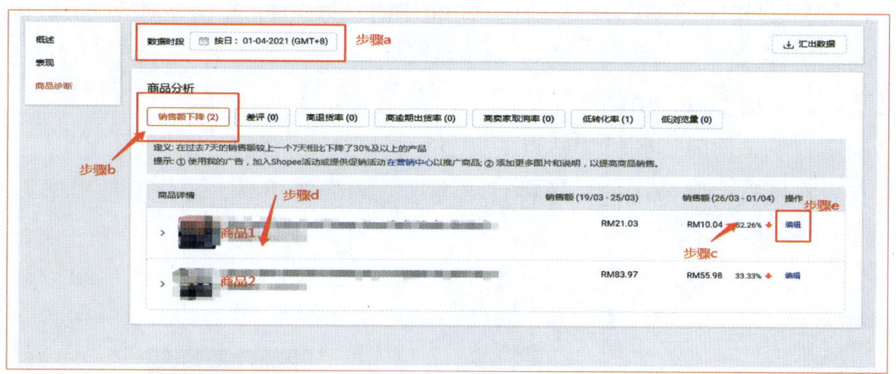

图 4-61 商品诊断界面

4. 查看销售

作为卖家，最重要的数据指标是 GMV，即商店的销售额。因此，“我的数据”在“销售”标签下提供了对销售数据更全面的分析和更清晰的展示。

（1）查看销售概述

1）筛选时间范围。点击上方下拉菜单，选择想查看的时间段（见图 4-62）。

注意：该页面展示的所有数据均基于选择的时间段。

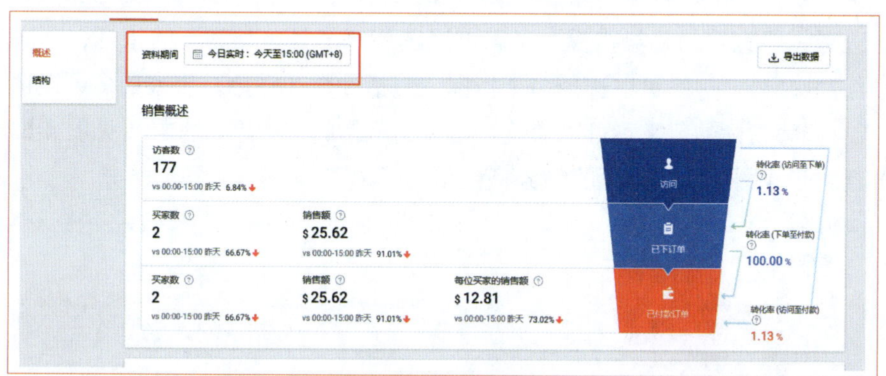

图 4-62 销售概述界面（1）

该界面右方显示的客户交易流程见图 4-63：

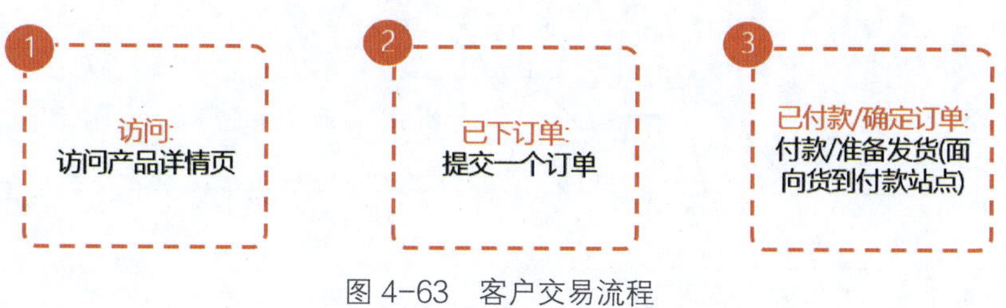

图 4-63 客户交易流程

此处的销售漏斗按照订单的三种类型，分为访问、已下订单、已确定订单（面向货到付款站点）/已付款订单。卖家可查看在所选时间范围内，每一种订单类型对应的关键指标：

- 访问：访客数；
- 已下订单：访客数、销售额；
- 已确定订单（面向货到付款站点）/已付款订单：访客数、销售额。

2）查看在所选时间范围内，每种订单类型之间的转化率。转化率是根据不重复访客数计算的（见图 4-64）。

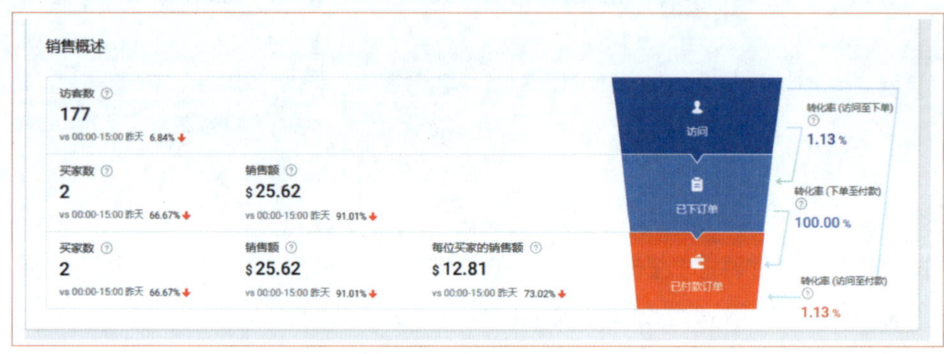

图 4-64 销售概述界面（2）

可以在每个订单类型中选择销售相关指标来查看它们的趋势。

（2）查看趋势指标

1）选择想要查看的趋势指标：卖家可以选择每个订单类型下的指标，下方将显示该指标对应的趋势。这里可以选择多个指标，包括件数和订单。卖家最多可以选择 4 个指标。所有趋势指标的定义均可以通过点击箭头所指的图标进行查看（见图 4-65）。

2）查看趋势图：所选指标的趋势将会在趋势图中呈现。

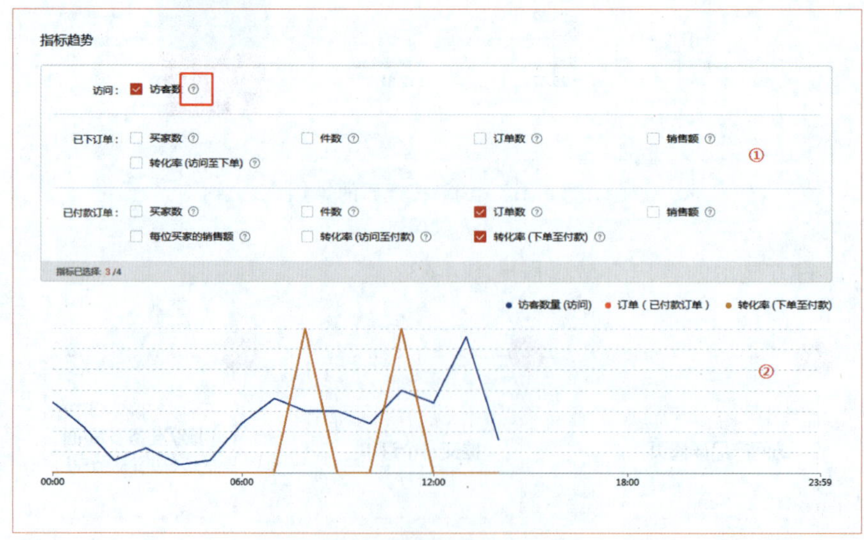

图 4-65 趋势指标界面

3）查看某一时间点的详细数据：当卖家将鼠标停在趋势线上的某一时间点时，系统将显示详细数据（见图 4-66）。指标名称和相关指标数据会同时显示。

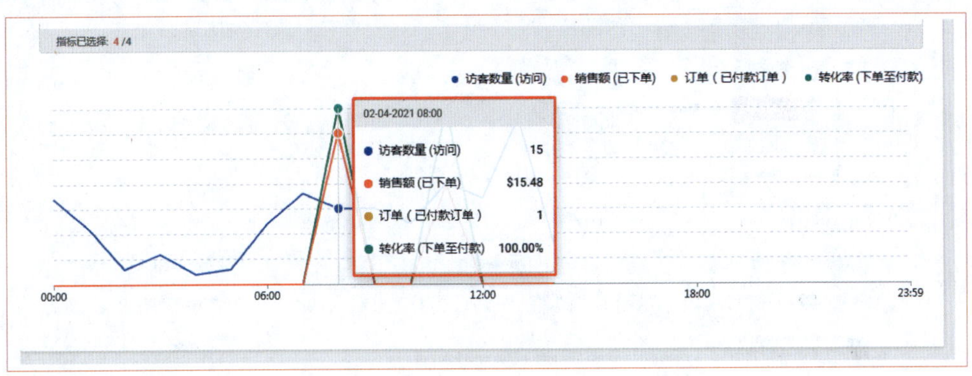

图 4-66　趋势指标界面

4.2.8 Shop/ 商店

卖家可在“Shop”（商店）中查看以下内容（见图 4-67）：“Shop Rating”（商店评价）、“Shop Profile”（商店介绍）、“Shop Decoration”（商店装饰）、“Shop Categories”（商店分类）、“My Reports”（我的报告）。以下着重介绍前三项内容。

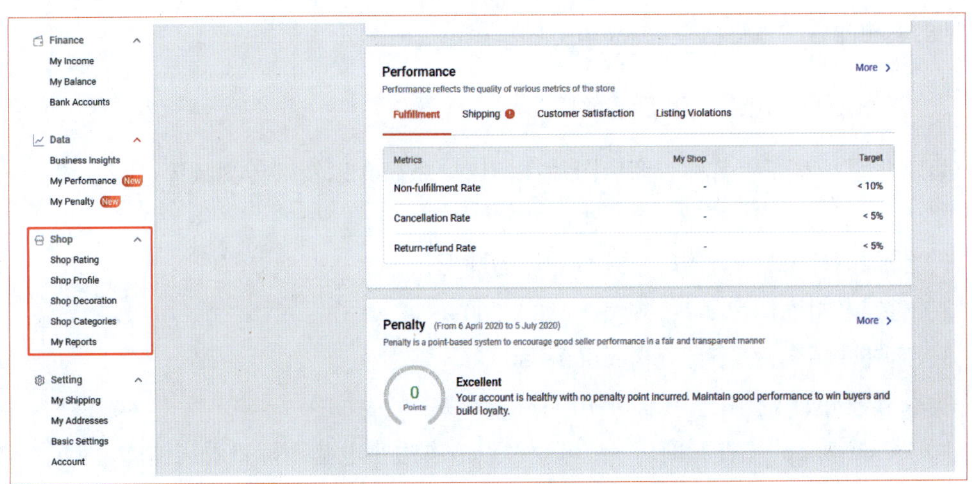

图 4-67　店铺相关信息

1.“Shop Rating”（商店评价）

1）查看订单评价以及回复买家评价。点击“Shop Settings”—“Shop Rating”即可查看所有买家已评价订单的评分，卖家可点击“Reply”回复买家的评价（见图 4-68）。

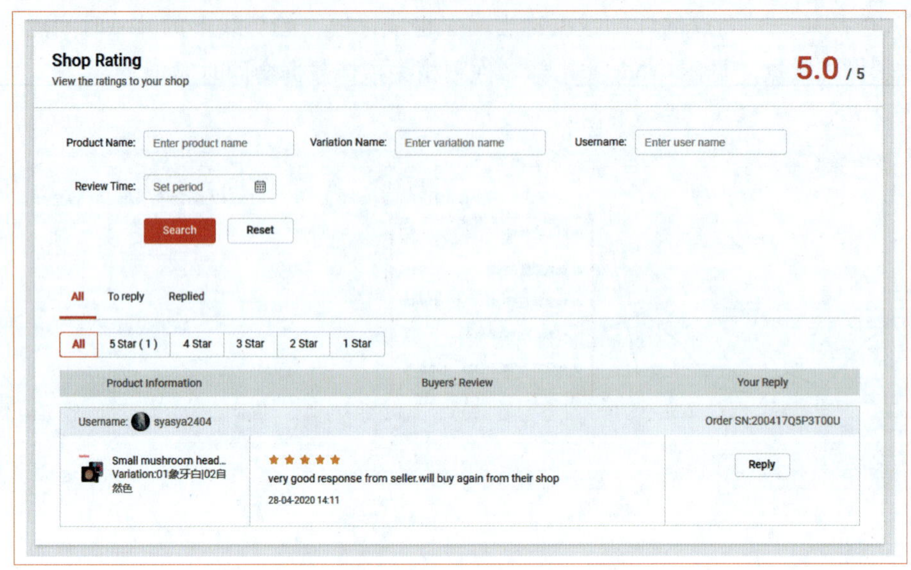

图 4-68　店铺评分信息

2）评价时间。买家需在 15 天内进行订单评价，建议卖家在订单完成后及时鼓励买家给予好评。

3）买家修改评价。若有买家给予了差评，建议卖家及时与买家协商修改评价，评价后 30 天内有 1 次修改评价的机会。

买家修改评价步骤：“Me” — “My Purchase” —找到对应订单 “Shop Rating” — “Change Rating”，修改评价之后点击 “确定修改” 即可。

2. “Shop Profile”（商店介绍）

商店介绍：对商店名称、商店图片、商店信息简介以及宣传视频等进行设置（见图 4-69）。

1）头像图片 × 1：上传后系统会剪切为圆形；

2）店铺名封面图片 × 1：规格 1 600 × 800；

3）店铺介绍图片 × 5：规格 1 600 × 800。

卖家可进行如下操作（见图 4-70）：

1）“View Shop”（查看商店）：可通过点击右边小电脑图标查看店铺前台；

2）“Products”（商品）：可查看商品数，点击跳转 “Products” 界面；

3）“Response Rate”（回应率）；

4）“Response Time”（回应速度）；

5）“Preparation Time”（平均出货速度）；

6）“Shop Rating”（商店评价）；

7）“Non-fulfillment Rate”（订单未完成率）。

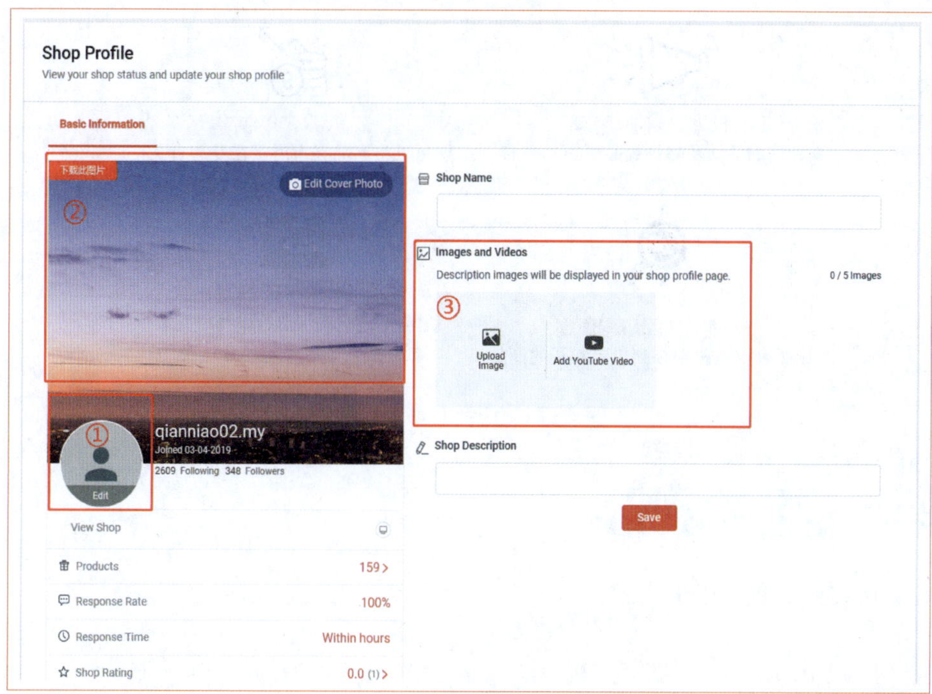

图 4-69 商店介绍（1）

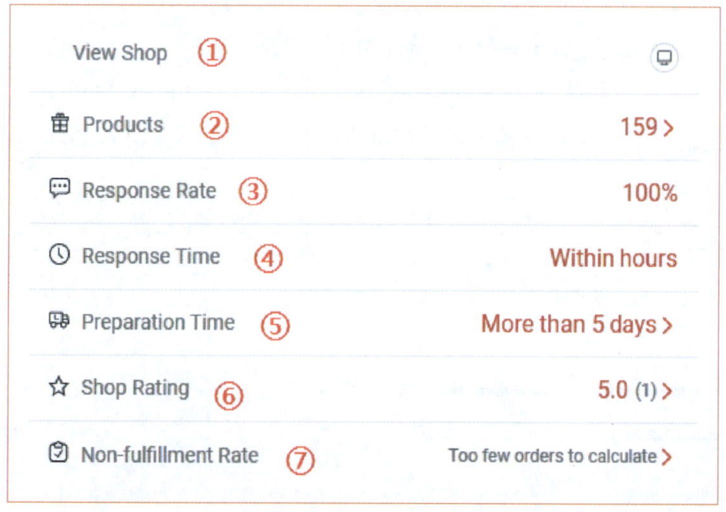

图 4-70 商店介绍（2）

3. “Shop Decoration”（商店装饰）

店铺定制化装修功能为 Shopee 推出的全新功能（见图 4-71）。让卖家可以自由编排商店首页版面并配合不同的主题活动，轻松打造专属的商店形象。此部分重点放在第 5 章进行介绍。

图 4-71　店铺装饰的目的

4.2.9 Setting/ 设置

卖家可在此处查看以下内容：

1. “My Shipping”（物流中心）

卖家可以在“我的物流”中设置店铺物流渠道及店铺产品发货天数。

1）设置物流。进入 Shopee 卖家中心，点击“Shop Settings”—“My Shipping”，可以设置店铺物流渠道（见图 4-72）。需注意以下两点：

第一，系统后台已默认开启 Shopee 官方支援物流“Standard Delivery”（标准快递）。

第二，卖家若有第三方物流 LWE（利威国际物流）或 China Post（中国邮政）账户，也可开启该物流。

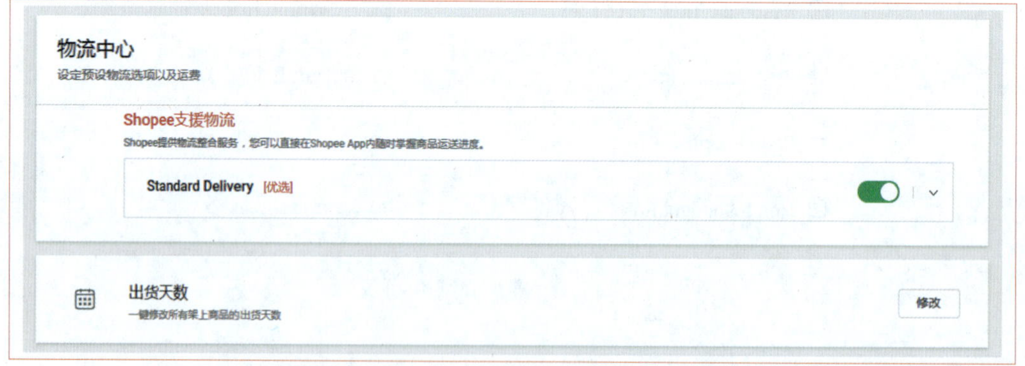

图 4-72　物流中心界面

2）设置发货天数。进入 Shopee 卖家中心，点击“Seller Center”—“Shop Settings”—“My Shipping”—“Days to Ship”，可以设置发货天数（见图 4-73）。

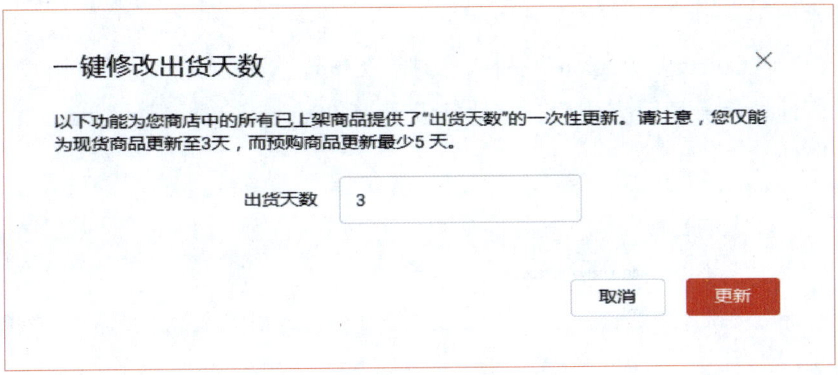

一键修改出货天数

以下功能为您商店中的所有已上架商品提供了"出货天数"的一次性更新。请注意，您仅能为现货商品更新至3天，而预购商品更新最少5 天。

出货天数　3

取消　更新

图 4-73　出货天数修改界面

2. “My Addresses”（我的地址）

卖家可以通过“我的地址”添加或更改店铺的退换货地址，供买家退货及平台处理卖家退货时使用。注意，如未及时设置退货地址，当发生异常件时包裹会因为店铺无退货地址而被销毁。进入 Shopee 卖家中心，点击“Shop Settings”—“My Addresses”，可以进入“我的地址”界面（见图 4-74）。

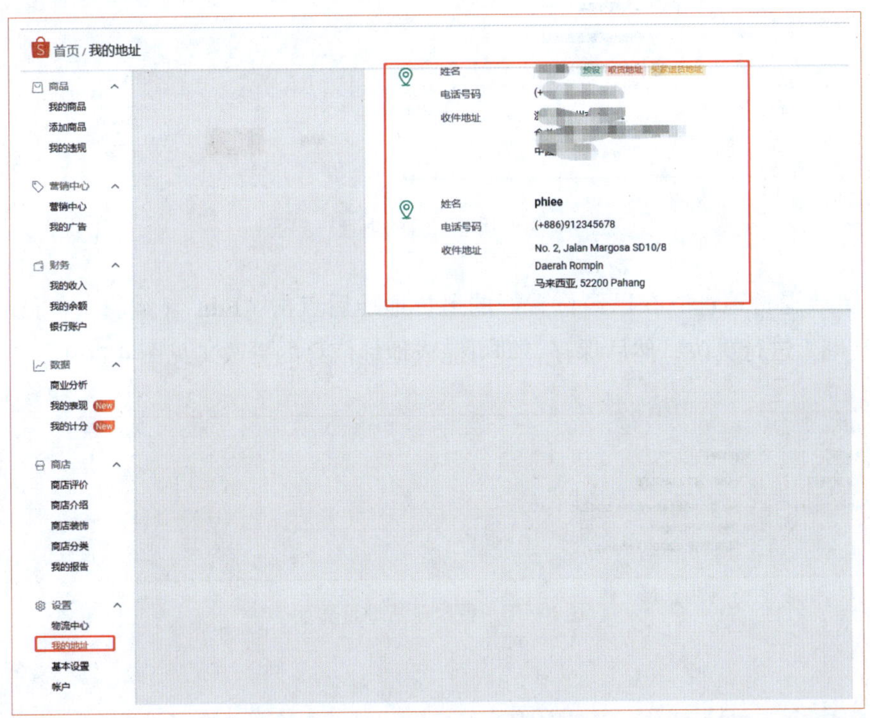

图 4-74　“我的地址”修改界面

1）在“我的地址”中添加退货地址。按照下面的操作可以完成添加退货地址的工作（见图 4-75）。

第一，在“Country / Region”一栏，选择“China”（中国）。

第二，地址信息填写完成后，将地址设置为“Set as seller return address”（设定为卖家退货地址）。

图 4-75　新增“我的地址”界面

2）更改退货地址。在已经设置好的退货地址后点击“Edit”（编辑），可以在原有的地址基础上进行更改，然后保存，即可完成地址信息的更改（见图 4-76）。

图 4-76　更改退货地址界面

3.“Basic Settings”（基本设置）

（1）“Shop Settings”（商店设定）

1）“Vacation Mode”（休假模式）。休假模式是为卖家的店铺设置的一种店铺状态，卖家可以选择开启或关闭该模式。休假模式开启后，店铺所有产品将变成无法销售的状态。

注意：休假模式生效需要 1 个小时，一旦开启休假模式，须在 24 小时后才能关闭。

● 开启休假模式。进入卖家中心，点击“Shop Settings”—“Vacation Mode”界面，即可通过点击“Vacation Mode”右侧按钮开启假期模式（见图 4-77）。

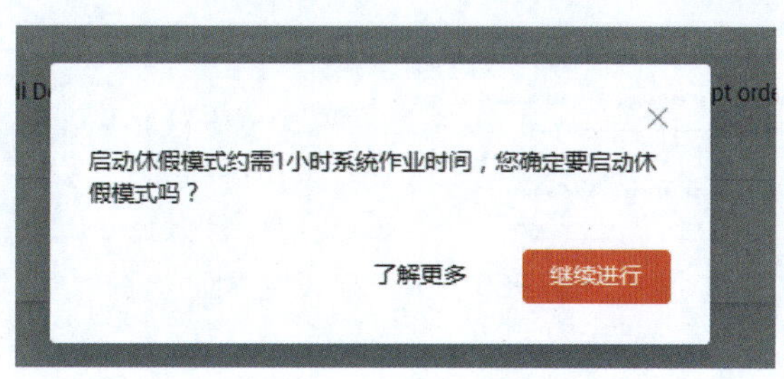

图 4-77　“休假模式”设置界面

● 关闭假期模式。卖家可以通过点击“Proceed”（继续营业）关闭假期模式。

注意：完全关闭假期模式需要 1 个小时。一旦关闭后，须在 24 小时后才能再开启休假模式。

2）语言选择。卖家可以在账户设定中设置卖家中心显示语言，点击“Shop Settings”—“Language”，可以进入语言设置界面并实现卖家中心显示语言的切换（见图 4-78）。卖家可选择使用英文、简体中文或者市场当地语言。

图 4-78　卖家中心显示语言设置界面

（2）“Privacy Settings”（隐私设定）

隐私设置是 Shopee 平台为卖家提供的对恶意骚扰店铺的用户进行封锁的功能，卖家可以在卖家中心“Shop Settings”—“Privacy Settings”进入隐私设置界面，在该界面可以封锁、查看或解除被封锁的用户（见图 4-79）。

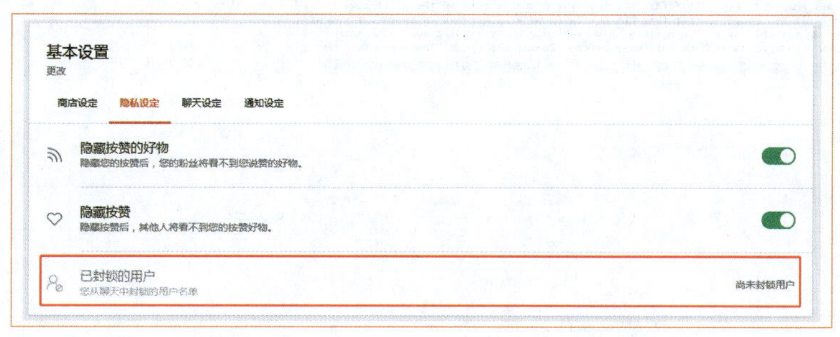

图 4-79　“隐私设定”设置界面

(3)"Chat Settings"(聊天设定)

1)"Allow Negotiations"(接受出价)。Shopee 平台设有聊天功能，买卖双方可以利用该窗口商议产品价格。在卖家中心首页依次点击"Basic Settings"—"Chat Settings"—"Allow Negotiations"开启议价功能(见图 4-80)。

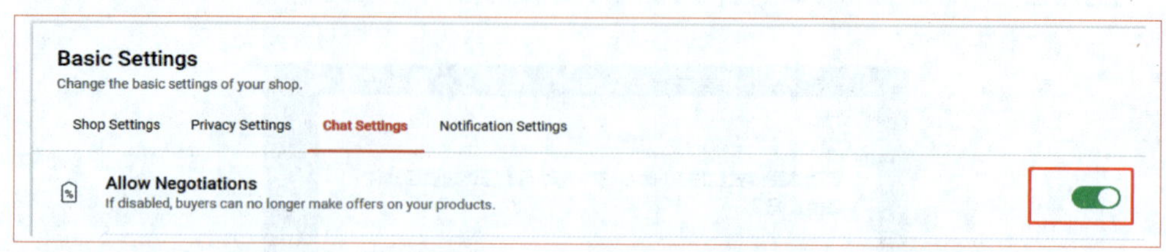

图 4-80 "聊天"设置界面

议价功能开启后，买家可以通过聊聊针对某产品向卖家提出议价申请。卖家可以在"聊聊"窗口点击"Click to view"查看买家的最新议价申请，然后选择"Decline"(不接受)或者"Accept"(接受)对新议价做出回应。点击"接受"后，买家可以按照议价成功的价格下单。

2)"Accept Chat From Profile Page"(在商店档案页面中接受聊天)。推荐开启这个功能，允许买家在商店档案页面与卖家聊天(见图 4-81)。

图 4-81 开启"聊天"设置界面

3)"Send auto-reply in chat"(在聊天中使用自动回复)。"聊聊"是 Shopee 平台为买卖双方提供的即时聊天工具，卖家可以进入卖家中心，点击"Shop Settings"—"Chat Setting"—"Send auto-reply in chat"进入聊天设置界面，设置店铺聊聊自动回复(见图 4-82)。

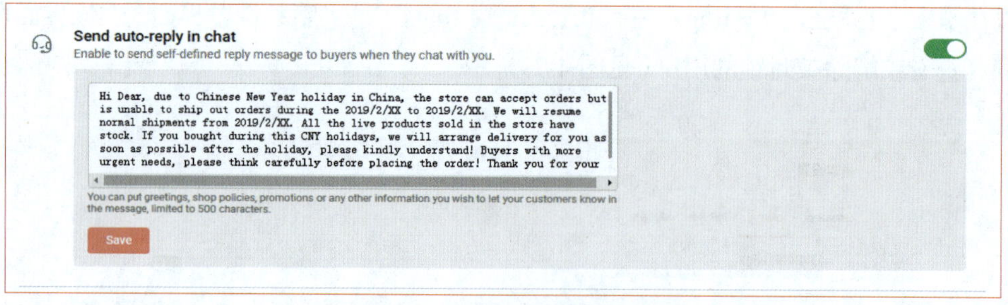

图 4-82 "自动回复"设置界面

(4)"Notification Settings"(通知设定)

Shopee 平台会通过电子邮箱或卖家中心给商户发送平台政策、店铺信息等通知。卖家可以通过进行卖家中心“Shop Settings”—“Chat Settings”—“Notification Settings”进入通知设置。平台通知主要分为“Email Notifications”(电邮通知)和“Push Notifications”(推播通知)(见图 4-83)。

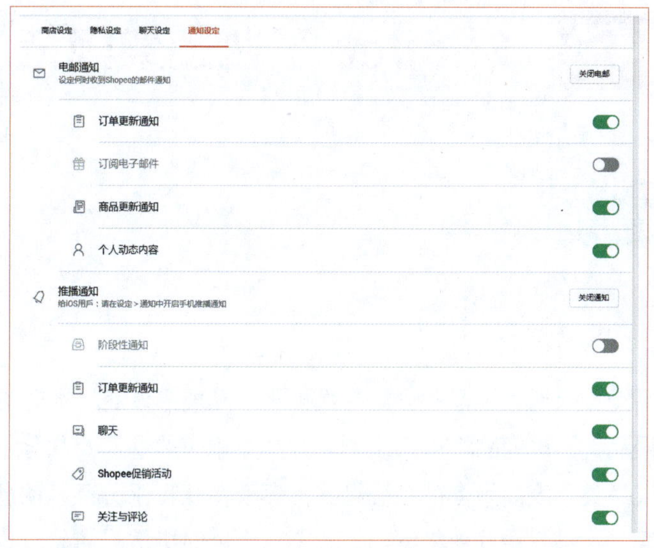

图 4-83 “通知设定”界面

1）电邮通知。卖家可以在“Email Notifications”页面选择开启“Order Updates”(订单更新通知)、“Listing Updates”(商品更新通知)的右侧按钮，开启成功后该部分通知信息将会推送到注册店铺的电子邮箱内。

2）推播通知。卖家下载 Shopee 手机 App 之后，可以开启后台相关信息推送，开启成功后 Shopee 将会推送该类通知至卖家中心。

4.“Account”(账户)

卖家可在此界面查看个人档案信息，以及修改登录密码(见图 4-84)。

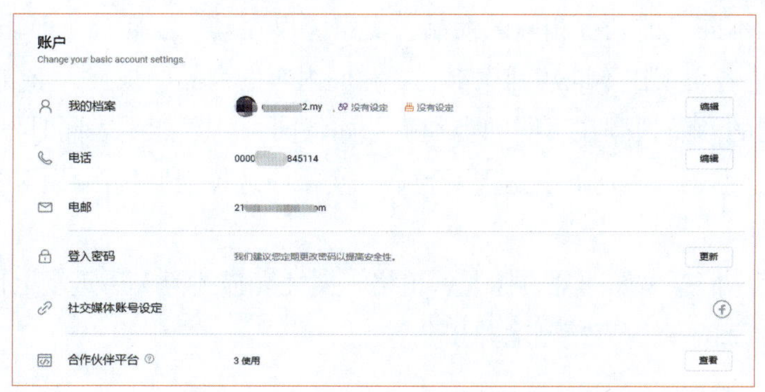

图 4-84 “账户”设置界面

4.3 Shopee 平台上架规范

4.3.1 劣质刊登

1. 商品品类设置错误

若卖家将商品设置成错误的品类，第一次被平台发现，该商品将会被系统下架；若卖家修改后仍为错误品类，该商品将被系统删除并产生相应的惩罚及扣分。若卖家第三次上传该商品仍为错误品类，该商品将被系统删除，卖家将获得 1 分额外的惩罚计分。

处理方法：第一次被平台发现将下架，若再次上传时仍然设置错误，将删除并扣分。

示例：

卖家 A 将女士短裙放置于男装分类下，该商品被平台暂时下架；卖家调整该女士短裙为女士衬衫分类下再次上传，那么平台会将该商品删除，卖家也会被惩罚计分。

2. 重复刊登商品

重复刊登是指将各项信息完全相同，或者重要属性完全相同或高度相似的商品在同一店铺或不同店铺进行多次刊登。刊登的商品之间必须有显著的区别（如图片、标题、属性、描述等），否则将被视为重复刊登的商品。相同卖家的店铺之间重复刊登的商品和不同卖家之间重复刊登的商品都将被平台删除并给予罚分。

重复刊登的表现形式：

1）卖家在不同店铺刊登相同的商品：卖家应仅在其一家店铺（而非多家店铺）出售同一件商品。若卖家在不同店铺中都刊登相同内容的商品，被视为重复刊登。

2）将相同的商品刊登在不同的类别下：如将同一款智能手表同时发布在“移动设备和配件”和“手表”类别下也是重复刊登。卖家应选择与所售商品相关度最高的一个类别进行刊登。

3）微调商品信息（如图片、标题、价格、属性、描述等）后重复上传。

处理方法：商品将被直接删除并扣分。

示例 1：

错误做法：将同款商品以不同价格分别刊登（见图 4-85）。

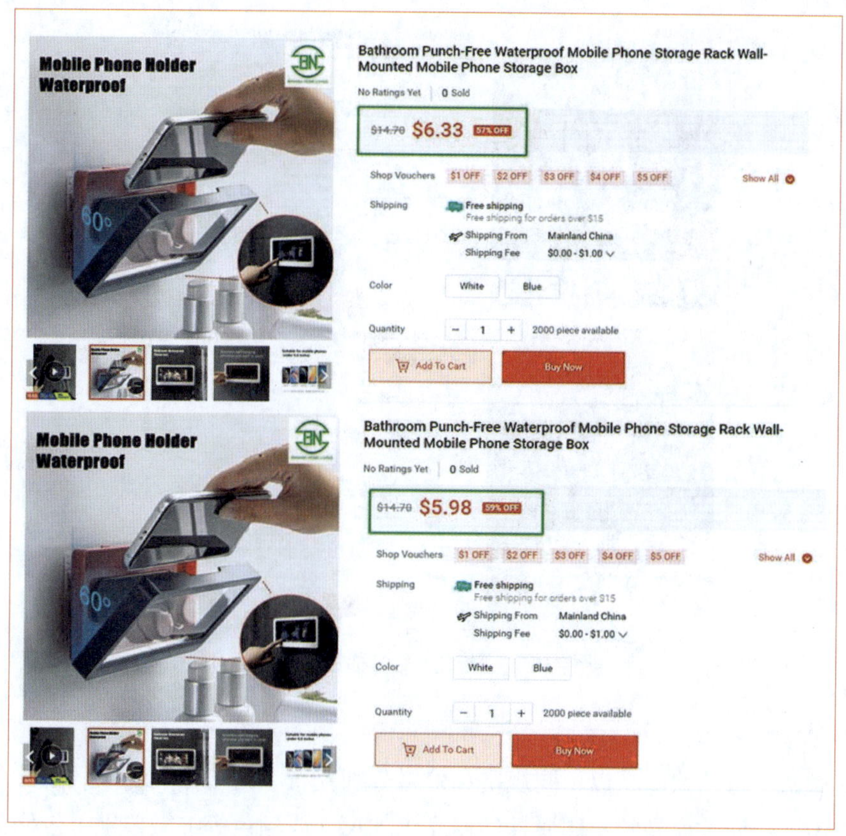

图 4-85　同款商品不同价格的错误设定

正确做法：同款商品只能以一个价格刊登一次（见图 4-86）。如果卖家想进行促销活动，可通过卖家中心的“我的折扣”功能调整至促销价格。

图 4-86　同款商品一个价格设定

示例 2：

错误做法：将同款商品微调名字分别刊登（见图 4-87）。

正确做法：同款商品仅可刊登一次。

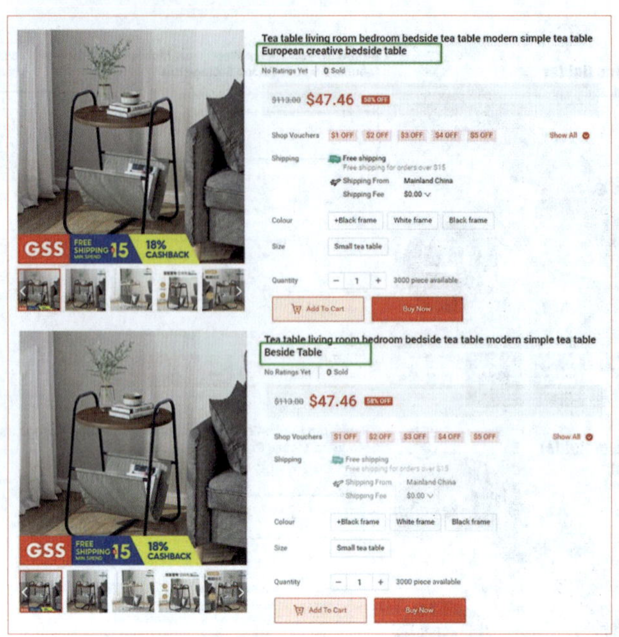

图 4-87　同款商品名称错误设定

示例 3：

错误做法：将同款商品以不同规格和价格分别发布（见图 4-88）。

正确做法：同款商品的不同属性的商品（如尺寸或颜色等细微差别）应作为一个商品上传。卖家可以通过增加商品属性参数来反映这些分类。

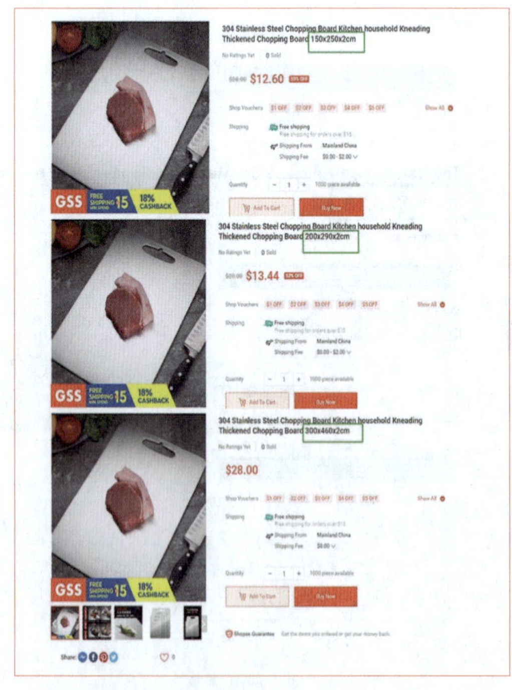

图 4-88　同款商品规格等错误设定

示例 4：

错误做法：适用于不同机型的同款 3C 类配件分别发布（见图 4-89）。

正确做法：同款商品的不同属性的商品（如尺寸或颜色等细微差别）应作为一个商品上传。卖家可以通过增加商品属性参数来反映这些分类。

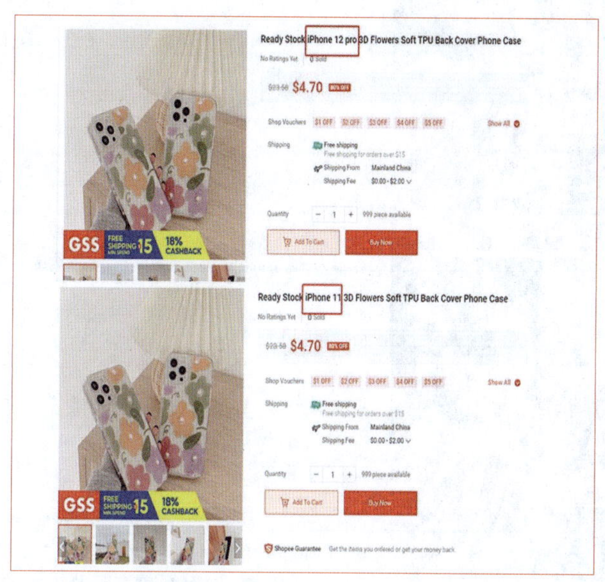

图 4-89 商品适用配件错误发布

4）以下情况不会被视为重复刊登。同一款商品有多种型号或款式，无法全部刊登在一起时，卖家可以分开上传多个，但须确保没有重复刊登相同的型号或款式。

示例：

图 4-90 中的商品有 2 种尺寸、15 种颜色，共计 30 个款式，无法全部刊登在一起（一个商品展示最多可以刊登 20 个型号或款式）。因此，将这 30 个款式以同一尺寸下分别刊登 15 个颜色，分为 2 个商品展示进行刊登，且 2 个商品展示之间没有重复的型号或款式，这种情况则不会被视作重复刊登。

3. 误导性定价

误导性定价是指卖家设置过高或者过低的价格以赢取更多的曝光量，但并不会真正卖出陈列商品的行为。商品附件不应该被单独列出，而是应当和商品一起作为同款商品不同属性的商品。

处理方法：商品将被直接删除并扣分。

示例 1：

卖家将商品价格设置为远低于（如 $0.10）或者远高于商品市场价格（如 $9 999）

会被系统删除（见图 4-91）。

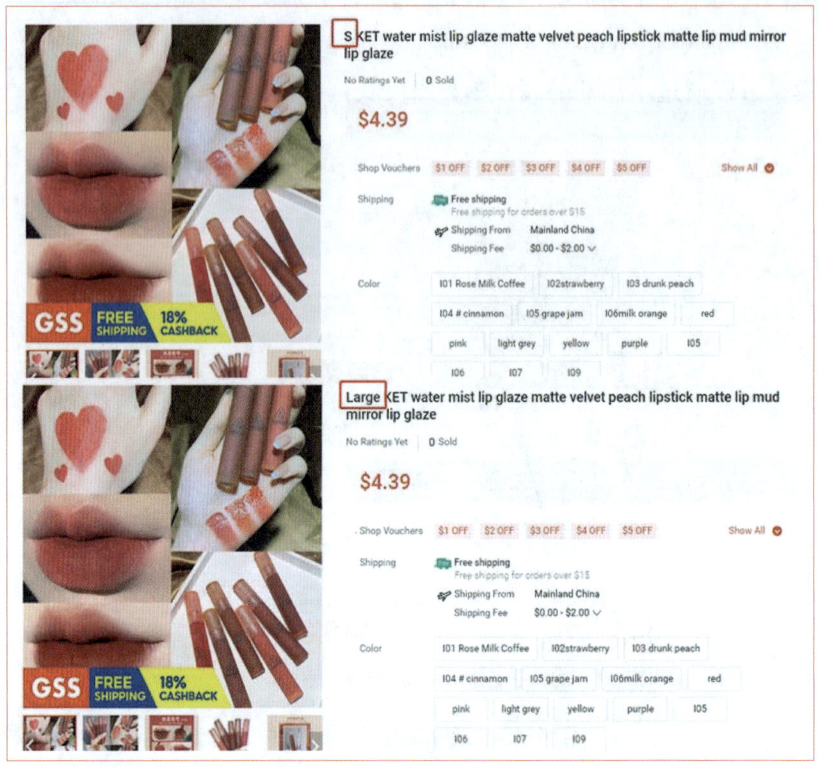

图 4-90　同款商品多种规格分开刊登

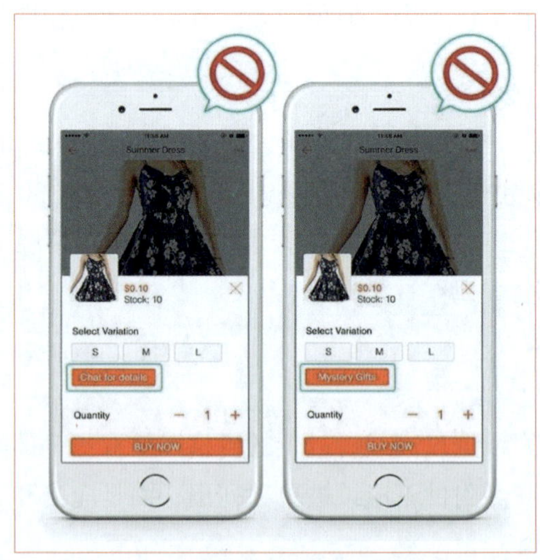

图 4-91　商品价格错误发布（1）

示例 2：

当销售手机套组时【手机（价值 $750）和手机壳（价值 $10）】价格标示错误。

错误做法：$750 手机、$10 手机壳。

正确做法：$750 手机、$760 手机 + 手机壳（见图 4-92）。

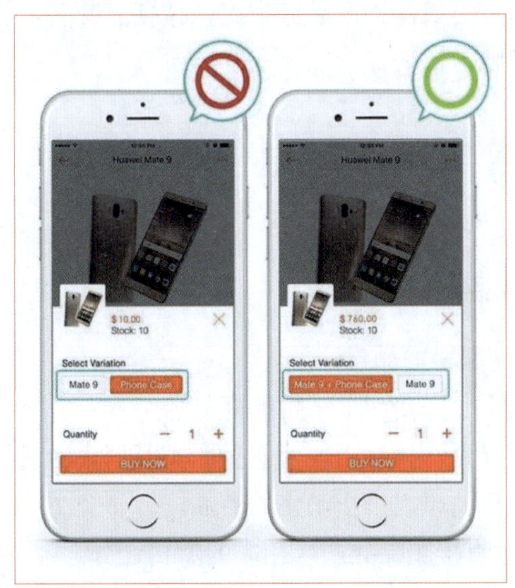

图 4-92　商品价格错误发布（2）

4. 关键词 / 品牌品、属性滥用

商品中包含的信息与所销售的商品不对应或不相关，则会被视为垃圾刊登商品。为了防止卖家滥用关键词误导搜索及影响买家的浏览体验，Shopee 平台会通知卖家重新编辑商品。若再次被认定为不合格，商品将会被删除。

处理方法：第一次被通知商品将被下架；若再次上传仍然不合格，将删除并扣分。重复的违规行为可能会导致卖家的账户被冻结。

示例（关键词 / 品牌名）：

1）商品标题中包含多个或不相关的关键词 / 品牌名，如“女士 裤子 裙子 衬衫”“兰芝迪奥 SK-II 保湿霜”。

2）商品标题中出现无关关键词，如“戴尔显示器 | 不是华硕 三星 LG 电视”，属性滥用。

3）品牌名重复出现或者出现多个品牌，如“耐克 耐克 耐克”“耐克 彪马 阿迪达斯”；品牌属性不准确，如“中国品牌”。

4）其他属性信息不准确，如属性中写“热销”。

避免关键词 / 品牌名、属性滥用的方法：

1）按照 Shopee 推荐的产品标题格式：品牌 + 产品名称 + 型号。如“Innisfree Green Tea Lotion（悦诗风吟绿茶乳液）”。

2）确保标题和描述中的所有关键词准确并与所销售的商品相关。不要在产品标题中包含不准确或不相关的关键词。

3）输入准确的商品分类属性，商品分类属性包括品牌名称、型号和保修期等。

4）如果商品没有品牌，请选择“No brand”。

4.3.2 禁止刊登

1. 禁止上架销售商品

Shopee 平台跨境卖家禁售商品：

1）各个国家和地区不允许在网上销售的商品；

2）各个国家和地区仅允许持有当地营业执照卖家销售的商品；

3）各个国家和地区海关原因禁止销售的商品。

处理方法：商品将被直接删除并产生相应的惩罚计分。

2. 刊登广告或销售无实物商品

卖家刊登的商品图片中带有导向外部平台的内容水印。例如：卖家在图片中刊登 QQ 号、二维码或其他任何外部网站的链接，将买家导向 Shopee 平台之外的交易平台的行为。

处理方法：商品将被直接删除并产生相应的惩罚计分。

3. 同一商品 ID 下更换不同商品

Shopee 平台不允许在同一商品 ID 下更换不同商品，平台会定期清理相关的违规商品。若卖家更改现有商品 A 的信息（如名称、描述、图片等）为另一个完全不同的商品 B 的信息，此行为会将原本关于商品 A 的评分及评价显示为商品 B 的评分及评价，将会给买家带来关于商品 B 的错误理解与判断。

不同的商品是指：

1）不同类别的商品，如背包和水瓶、衬衫和裤子。

2）同一类别的商品的不同型号，如不同品牌的双肩背包。

若商品为同一类别且型号相同，但颜色有所不同，不会被判定为“不同的商品”。

处理方法：商品将被直接删除并产生相应的惩罚计分。

示例：

错误做法：将玩具的商品页面更换为高跟鞋的商品信息（见图 4-93）。

图 4-93 不同商品信息错误发布

正确做法：新建商品 B 的产品页面，填入商品 B 的相关信息。

常见问题：

问 1：之前的商品（手机套）卖断货了，可否把手机套改为单肩包？

答：否。此行为属于同一商品 ID 下更换不同商品。

问 2：可否把卖 iPhone 10 改为卖 iPhone 12？

答：否。更换产品型号属于在同一商品 ID 下更换不同产品。

问 3：可否更改售卖商品的颜色？

答：可以。更改颜色没有改变售卖商品种类。

问 4：可否更改图片中展示衣服的模特？

答：可以。售卖的商品没有改变，可以更改商品图片。

问 5：可否改动商品价钱，修改商品名称、描述？

答：可以。售卖的商品没有改变，商品价钱、名称或描述都可以更改。

4. 虚假折扣

标准 1：卖家若在促销活动前一段时间内提高促销商品价格将被予以警告，情节严重者涨价商品将被删除。

示例：

假设商品 A 售价为 100 元，在活动开始前一段时间，卖家将商品价格调升至 120 元，再进行打折销售，卖家将被予以警告，情节严重者涨价商品将被删除。

标准 2：若卖家设置的商品折扣价格高于商品的原价，该商品将被删除。

示例：

假设商品 A 售价为 100 元，在活动开始前一段时间，卖家将商品价格调升至 110 元，活动开始时若价格为 101 元，因商品折扣价大于商品原价（101>100），该商品将会被删除。

处理方法：商品将被删除并产生相应的惩罚计分。

4.3.3 侵犯知识产权或假冒产品

若卖家首次被投诉侵权，Shopee 平台会将相应侵权商品下架。若卖家再次被投诉侵权，Shopee 平台会将被投诉的卖家账号暂时冻结 7 天；账号解冻后若再次被投诉侵权，则继续冻结 7 天；依此类推（侵权次数于 2017 年 3 月 27 日开始累计）。

对于严重违规或累计侵权次数过多的卖家，Shopee平台可能直接关闭被投诉卖家的账号。

注意：中国台湾地区优选卖家被举报或被 Shopee 平台发现刊登侵权或盗版商品，若及时提供有效正品证明，则保留优选卖家资格，并不会被惩罚计分；若未及时提供有效正品证明，则会被移除优选卖家资格，并影响惩罚计分。

4.3.4 重新上架相似违规商品

若卖家违反以下任何一项上架规则，违反上架规则的商品被删除后会被计 1 或 2 分惩罚计分（中国台湾站点“侵犯知识产权或商标版权的假冒商品”将被计 2 分或 3 分惩罚计分）（见表 4-1）。若再次上架相似的违规商品，将额外计 1 分惩罚计分。

表 4-1　商品违反上架规则及计分

违反上架规则	计分	严重违反计分
1. 禁止上架销售商品（包括 Shopee 平台禁止销售商品、跨境卖家禁运品类商品、违法违禁商品以及当地国家政府禁售召回的商品等） 2. 刊登广告或销售无实物商品 （例如：买家在图片中刊登 QQ 号、二维码或任何外部网站的链接，将买家导向 Shopee 平台之外的交易平台） 3. 商品描述图片带有导向外部平台内容的水印、质量不佳或抄袭其他卖家图片 4. 商品图片或描述中带有色情内容 5. 商品占图片面积 <70% 6. 上架存在误导的产品以及重复上架商品 • 如使用的商品标题、标签或者相关商品描述与商品本身不符；同一个商品 ID 下更换不同的商品 • 重复上架商品，包括同一商家跨店铺重复上传同一商品以及不同卖家不同店铺重复上传同一商品 • 商品品类设置错误 7. 夸大不实的折扣 8. 违反商城卖家刊登标准	1	2
9.1 侵犯知识产权或商标版权的假冒商品（非中国台湾站点）	1	2
9.2 侵犯知识产权或商标版权的假冒商品（中国台湾站点）	2	3
若卖家违反上述上架规则，在商品被删除后再次上架相似违规商品，将额外计 1 分惩罚计分		

1. 跨境卖家与当地卖家重复刊登商品行为

Shopee 平台对中国台湾、泰国、马来西亚站点跨境卖家和当地卖家之间重复刊登图片、商品标题以及商品描述的行为的惩罚更为严格。其他站点实施标准及时间另行通知。

1）中国台湾站点。Shopee 中国台湾站点卖家未经允许，将其他卖家的商品图片用作自己的商品图片，或者将其他卖家的商品信息用作自己的商品信息，则会被判定为盗图或盗商品信息。一经举报查实存在盗图、盗商品信息其中之一情形的卖家店铺，将可能在卖家惩罚系统中计 15 分惩罚计分。

2）泰国站点。Shopee 泰国站点卖家若被监测确认重复刊登其他卖家的商品，重复刊登的商品将会被删除，并计 1 分惩罚计分，严重重复刊登将计 2 分惩罚计分。若卖家重复刊登的商品数量占卖家总商品数量达到一定标准，将计 15 分惩罚计分，冻结账号 28 天。

3）马来西亚站点。Shopee 马来西亚站点卖家若被监测确认重复刊登其他卖家的商品，重复刊登的商品将会被删除，并计 1 分惩罚计分，严重重复刊登将计 2 分惩罚计分。同时，经人工检查，若有严重违规行为将会被冻结店铺。

2. 非中国台湾站点举报盗用商品信息行为

本政策适用于被投诉盗图、盗商品信息的卖家及其店铺，不适用于重复刊登商品行为。Shopee 平台卖家未经允许，将其他卖家的商品图片或将其他卖家的商品信息用于自己的商品，会被判定为盗用商品信息。Shopee 平台会在每周五邮件通知审核结果，若举报时间为周五，会于下周五知通审核结果。Shopee 站点针对此类行为的举报链接是：

	举报链接 https://solutions.shopee.cn/sellers/home/

注意：使用由商品供应商或第三方平台提供给所有购买该产品的卖家共同使用的图片以及商品信息不会被认为是盗图，但图片上不应有其他平台的水印；对于非原创图片，请卖家保留图片合法使用的相关证明。

举报盗取图片或商品信息的两种情形及处理方法：

1）单品盗取图片或商品信息：举报同一店铺盗取图片或商品信息商品数量少于 30 个。

处理方法：首次被举报的卖家需在 7 个自然日内进行整改，首次被举报且逾期未整改的店铺或第二次被举报的店铺将被冻结 15 天，15 天冻结期内仍未完成整改或第三次被举报的店铺将被永久冻结。

2）全店盗取图片或商品信息：举报同一店铺盗取图片或商品信息商品数量等于或多于 30 个。

处理方法：首次被举报的卖家需在 7 个自然日内进行整改，首次被举报且逾期未整改的店铺或第二次被举报的店铺将被冻结 30 天，30 天冻结期内仍未完成整改或第三次被举报的店铺将被永久冻结。

3. 商品标题不能带有 Shopee 活动相关关键词

标题违反规则的商品及处理方法见表 4-2。

表 4-2　标题违反规则的商品及处理方法

市场	泰国、新加坡	菲律宾	马来西亚、印度尼西亚、越南
违反规则的商品	商品标题中带有“Big sale 11 · 11”“11 · 11 Big sale”“<Shopee 12 · 12>”“<Shopee 11 · 11>”“Shopee 9 · 9”等关键词	商品标题中带有“Big sale 11 · 11”“11 · 11 Big sale”“<Shopee 12 · 12>”“<Shopee 11 · 11>”“Shopee 9 · 9”等关键词	商品标题中带有“Big sale 11 · 11”“11 · 11 Big sale”“<Shopee 12 · 12>”“<Shopee 11 · 11>”“Shopee 9 · 9”等关键词且并没有实际商品
处理方法	下架该商品	删除该商品	删除该商品

实战训练

根据本章内容提示，尝试使用 Shopee 电脑端、App 操作，完成 Shopee 店铺后台基本设置等操作。

第5章

商品分类和店铺装饰

本章概述：

本章主要介绍Shopee平台店铺分类优化、产品归类、优惠券的类型等，店铺装修时主图和文案使用的注意事项。重点介绍了Shopee店铺装饰的全过程。

学习目标：

了解店铺装饰前需准备的资料，学会Shopee店铺装饰方式方法。

5.1 Listing 优化

5.1.1 优化店铺商品分类

对店铺中的商品按照特性进行分类展示，可以让买家在琳琅满目的店铺商品中快速地找到想要购买的商品，以此提高转化率。下面结合实例介绍几种常用的分类方法。

1. 商品类目分类法

例如，垂直类目女装店铺可依据男装二级类目（如上衣、T 恤等）进行分类，进一步地还可按照三级类目进行分类（见图 5-1）。

2. 场景分类法

场景分类法，即根据商品的使用场景对店铺商品进行分类。例如，家居百货杂货类店铺，首先按照商品所属类目分类，然后按照使用场景进一步分类。可以将家居商品按照使用人群分为“Kids”（小孩使用商品）等，按照使用时间分为“Travel”（旅游使用商品）等，按照用途分为“Housekeeping”（家务使用商品）等。卖家可以更清晰地定位商品，方便买家按类别进行搜索，提升买家的购物体验，提高一单多件转化率，因此杂货类店铺使用场景分类法尤为重要。

3. 店铺活动自定义分类法

卖家可根据店铺中正在参加的活动，自定义某个类目下所有商品为某活动类目。把该活动类目置顶在店铺其他类目之上，可以吸引进入店铺的买家参加该店铺活动。店铺可自定义“Limited Time Promo”（限时折扣活动）类目，并选择店铺中某些商品在某个时间段给予特定的价格优惠，从而吸引买家下单。

4. 主推分类法

卖家可以将店铺中最能吸引买家下单的商品设置为一个分类并置顶在店铺分类最上

方，所有进入店铺的买家都会最先看到该分类下的商品，这一分类方法即主推分类（见图 5-2）。

图 5-1　店铺商品分类

图 5-2　店铺商品分类（中国台湾站点）

5.1.2 折扣价格优化

1. 优惠券的四种类型

按照两个标准，可将优惠券分成四类。按优惠方式，分为满减型优惠券和折扣型优惠券；按展示方式，分为公开型优惠券和隐藏型优惠券。

1）满减型优惠券。即单笔订单满 ×× 金额减 ×× 金额。例如，满 399 减 30（见图 5-3）。

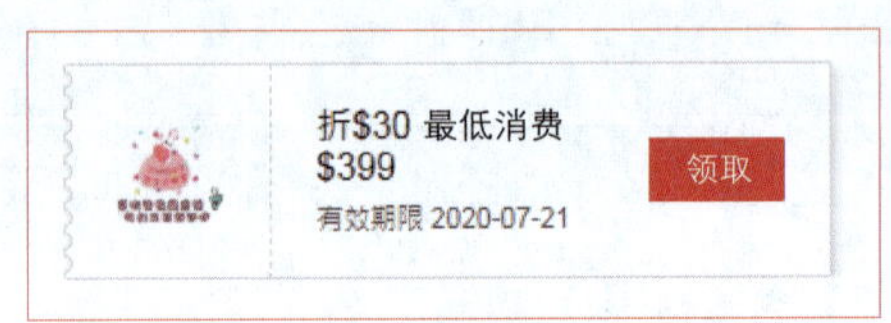

图 5-3 优惠券样式（1）

2）折扣型优惠券。即单笔订单满 ×× 金额可以享受 ×× 折扣。例如，马来西亚店铺满 59.99 林吉特享受“3% off”（即九七折）的折扣（见图 5-4）。

图 5-4 优惠券样式（2）

3）公开型优惠券。即店铺全店通用的优惠券。可以用于店铺首页、商品详情页和购物车页等公开推广宣传窗口，以告知买家领取使用的一种优惠券，适用于全店商品（见图 5-5）。

图 5-5 优惠券样式（3）

4）隐藏型优惠券。即不会显示在任何界面，卖家可以通过聊聊提供折扣码给买家使用的一种优惠券。可以作为店铺设置吸粉、点赞、好评、分享活动的买家奖品。例如，卖家设置一个买家好评后可以获取 5 林吉特的店铺优惠券。首先卖家需要在后台设置一个券，然后在店铺公开告知好评有奖信息，并要求买家在好评后通过聊聊发送好评截图后领取优惠券。

2. 优惠券的设置

此外，根据不同客单价发行不同满减梯度的优惠券，用于吸引在不同价格段的买家下单。至少可以设置以下 3 种类型的优惠券。

1）低价格段优惠券。该类型优惠券应设置小于等于平均客单价的满减额度，如满 199 林吉特减 10 林吉特，此类型可吸引原本只想购买小于 198 林吉特商品的买家为了达到满减额度而购买比原来更多金额的商品。

2）中等价格段优惠券。该类型优惠券大于等于店铺平均客单价，由于店铺大部分产品价格属于该价格区间，因此可以吸引多数买家使用此类优惠券。

3）高价格段优惠券。即使店内商品平均客单价较低，由于买家存在一单买多件商品的情况，依然可以设置高价格段优惠券，鼓励买家凑单。买家在一个订单内购买的商品越多，就可以达到高价格段的优惠券满减额度。

各类优惠券的使用，应结合店铺产品价格综合设置，做到具体问题具体分析。

5.1.3 商品描述优化

1. 商品优化的概念及优质商品信息的特点

商品优化是指对已经上架的商品进行商品标题、商品描述、商品图片等信息的优化，以更好地向买家展示商品的功能。一条优质的商品信息需具备以下特点：精准的标题、引人注目的图片、吸引人的折扣活动等。

（1）精准的标题

关键词描述应准确，如不要把上衣写成裤子，同时应尽可能地增加符合该商品的热搜词。

（2）引人注目的图片

商品图片应尽可能吸引买家眼球，同时尽可能多地展示商品属性。

（3）吸引人的折扣活动

对已经上架好的商品不定期地设置打折活动，会在前台显示打折标志。图 5-6 显示了“45% off”的折扣标志，买家会更喜欢下单有折扣的商品。

图 5-6　优惠券样式（4）

2. 商品信息存在缺陷的情形

商品未设置折扣、标题关键词不相关、商品图片上传较少等都是商品信息存在缺陷的情形。

商品描述优化原则：

1）准确描述该商品的材质、大小或尺码、使用人群或场景、使用注意事项。

2）增加其他可以吸引买家感兴趣或吸引其下单的描述。

3）可增加表情符号便于阅读。

商品优化要求：

1）商品描述字符数须在限制范围内，如马来西亚站点店铺最多只能填写 7 000 个字符。

2）不可出现违反法律或辱骂他人的描述。

5.1.4 标题和关键词优化

1）上新时可以先在 Shopee 或者其他电商平台的网站搜索当地热搜词，并将它们与商品相关的热搜词加入标题中。Shopee 商户管理团队也会每月提供市场周报热搜词供卖家参考，卖家可以根据周报对关键词适时调整。

2）标题尽量覆盖商品相关热搜词，用空格分开，搜索量大的关键词放在前面。由于手机端显示问题，应注意标题字数的限制。

3）商品标题更改频率不宜太高，修改内容也不宜过多，一次最好只修改几个词，过多修改会对商品搜索排名产生影响。

4）建议在流量较小时段（如清晨或半夜）修改标题，这样可以减少对商品排名的影响。

5.1.5 图片优化

1. 主图优化原则

1）主图应迎合顾客喜好，促成点击；主图上应包含尽可能多的商品信息，如活动促销信息、赠品信息、商品特征等。

2）如果商品是多个款式或颜色，主图可采用拼图方式（见图 5-7）。如需展示商品细节，可在主图上增加细节图。

3）使用场景主图也较受欢迎（见图 5-8）。

2. 上传商品图片的规格要求

1）最多上传 9 张照片，每张不得超过 2.0 MB。

2）产品文件格式：JPG、JPEG、PNG。

3）照片建议尺寸：每张 800 像素 ×800 像素，保证 9 张图，并注意图片排序，如有小视频更佳。

4）及时对效果不好的商品主图进行调整。

图 5-7　常见主图类型（1）

图 5-8　常见主图类型（2）

5.2 店铺装修

卖家角度优点：

1）通过完成基础装修，营造店铺风格，提升店铺流量；

2）通过置顶分类商品，提升商品点击率和转化率；

3）通过设置优惠券、关注礼等行销活动促进出单。

买家角度优点：

1）更有指导性的店铺页面，更良好的浏览体验；

2）更加清晰的商品分类，更有吸引力的置顶商品；

3）更有竞争力的商品价格，更加心动的促销活动。

手机端店铺及商品显示效果见图 5-9。

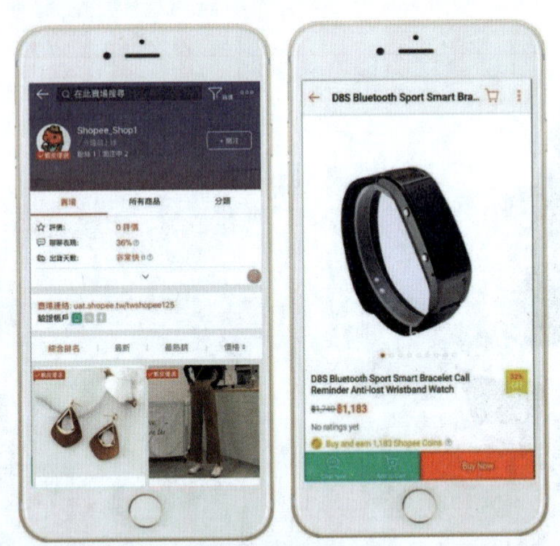

图 5-9　手机端店铺及商品显示效果

店铺定制化装修基础版本和进阶版本的功能如下：

1）基础版本的功能：中国台湾站点此功能目前只开放给了部分卖家，其他 6 个站点均已开通给所有卖家。

2）进阶版本的功能：仅开放给白名单卖家。

基础 / 进阶版本的对比见表 5-1。

表 5-1 基础 / 进阶版本的对比

<table>
<tr><th colspan="2">属性</th><th>基础版本</th><th>进阶版本</th></tr>
<tr><td rowspan="3">组件类型</td><td>图片</td><td>轮播
两张图片
视频</td><td>轮播
两张图片
视频
多个可点击区域
单张图片</td></tr>
<tr><td>商品</td><td colspan="2">商品亮点
商品分类</td></tr>
<tr><td>类别</td><td>图片类别标签</td><td>图片类别标签
文字类别标签</td></tr>
<tr><td colspan="2">必选组件</td><td>轮播
商品分类</td><td></td></tr>
<tr><td colspan="2">组件顺序</td><td>固定</td><td>可以调换顺序</td></tr>
<tr><td colspan="2">如何添加新组件</td><td>点击从组件菜单添加</td><td>从组件菜单中拖动</td></tr>
<tr><td colspan="2">其他</td><td></td><td>可以隐藏组件标题和下边距</td></tr>
</table>

店铺基础优化的两大维度：

PC 端：优化店铺基本信息、细化商品分类、设置多维度行销活动。

App 端：置顶重点推荐商品、提升店铺浏览指引。

5.2.1 店铺装修——PC 端

1. 店铺头像

1）设置与店铺商品品类相关的头像；

2）吸睛且符合当地市场的喜好；

3）尽量避免出现中文和奇怪的符号。

2. 店铺名字

1）与店铺商品品类相关的名字；

2）每个单词的首字母大写。

3. 店铺海报

1）海报大小为 700 像素 ×350 像素；

2）尽可能放店铺热销商品或近期店铺活动相关的图片；

3）放满 5 张图片，不要留空。

4. 店铺介绍

1）使用本土化的语言介绍，且确保没有超过上传的字数限制；

2）尽量使用形象生动的符号表情分段描述，避免出现长篇文字介绍。

5. 行销活动

1）为店铺设置不同梯度的优惠券；

2）为店铺设置关注礼，留存新用户。

6. 置顶推荐商品分类

创建 1～2 个吸睛的类目，放到店铺靠前的位置。

7. 细化商品分类

1）创建 6～8 个与商品特性相关的类目，并放入相关的商品；

2）类目名称可以添加生动形象的表情符号。

具体如图 5-10、图 5-11 所示。

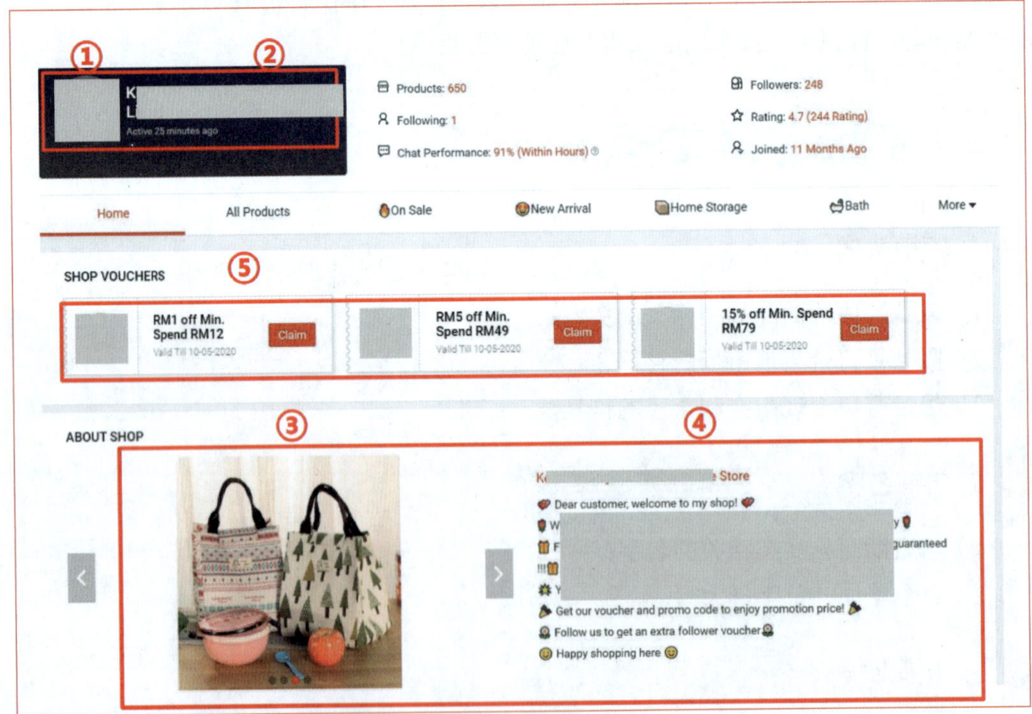

图 5-10　店铺信息布局

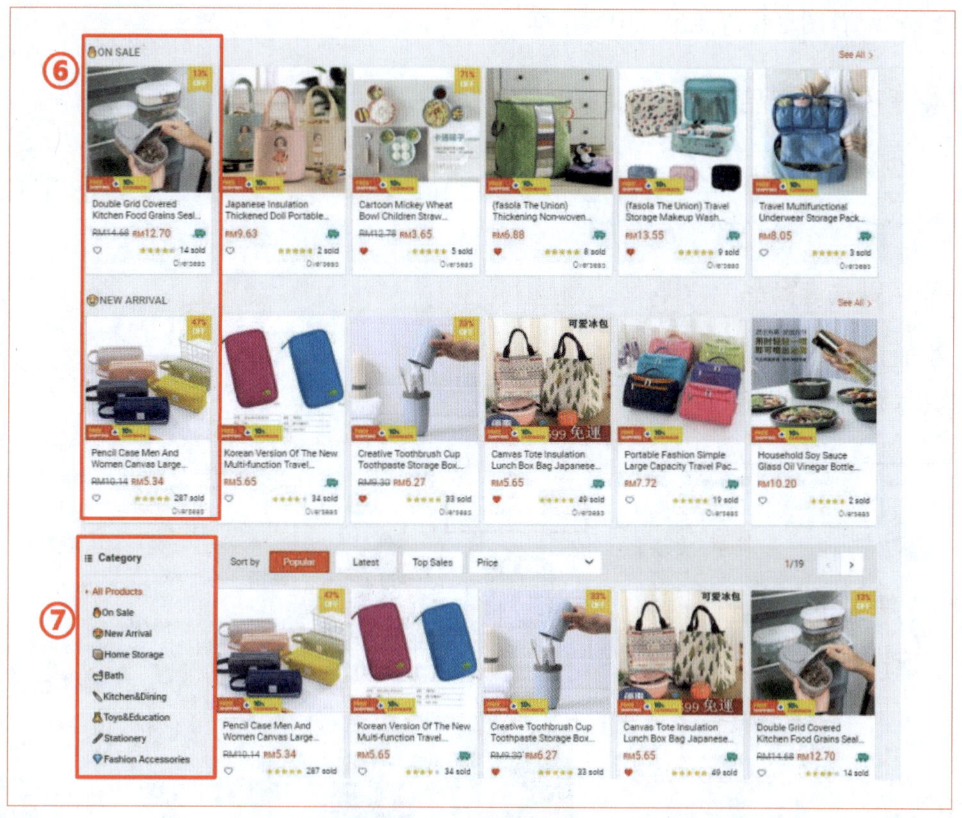

图 5-11　店铺商品分类及商品显示布局

5.2.2 店铺装修——App 端

1. 店铺轮播图

1）添加 5 个吸睛的商品首图和商品链接；

2）添加商品类目海报，插入相关类目链接；

3）图片尽量避免出现中文字样。

2. 店铺海报

1）添加 2 个热销商品首图和商品链接；

2）图片尽量避免出现中文字样。

3. 置顶重点商品

1）创建 3 ~ 5 个有吸引力、有新意且符合店铺商品特性的类目，每个类目添加 4 个相关商品；

2）产品首图尽量避免出现中文字样。

4. 置顶推荐商品分类（可关联 PC 端设置）

1）创建商品类目栏；

2）按照店铺商品分类添加商品。

5. 店铺优选商品

添加 8 ~ 10 个商品作为优选推荐给买家。

具体如图 5-12 所示。

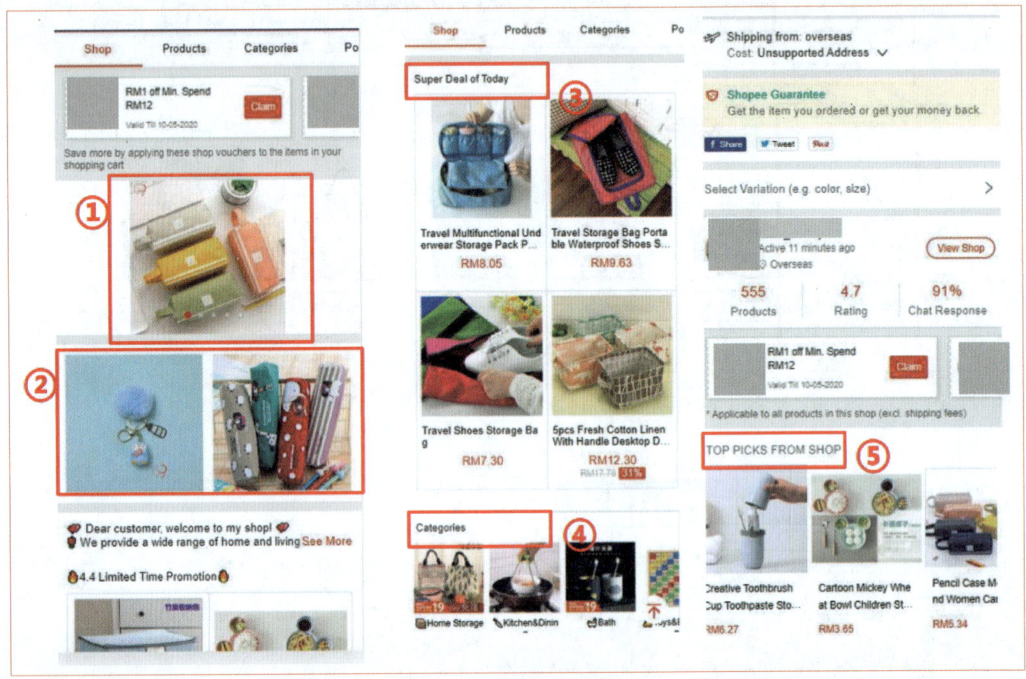

图 5-12　推荐商品设置

5.2.3 如何使用店铺定制化装修

1. 登录“商店装饰”

卖家登录后台，点击“卖家中心”—“商店装饰”—“编辑装饰”（见图 5-13、图 5-14）。

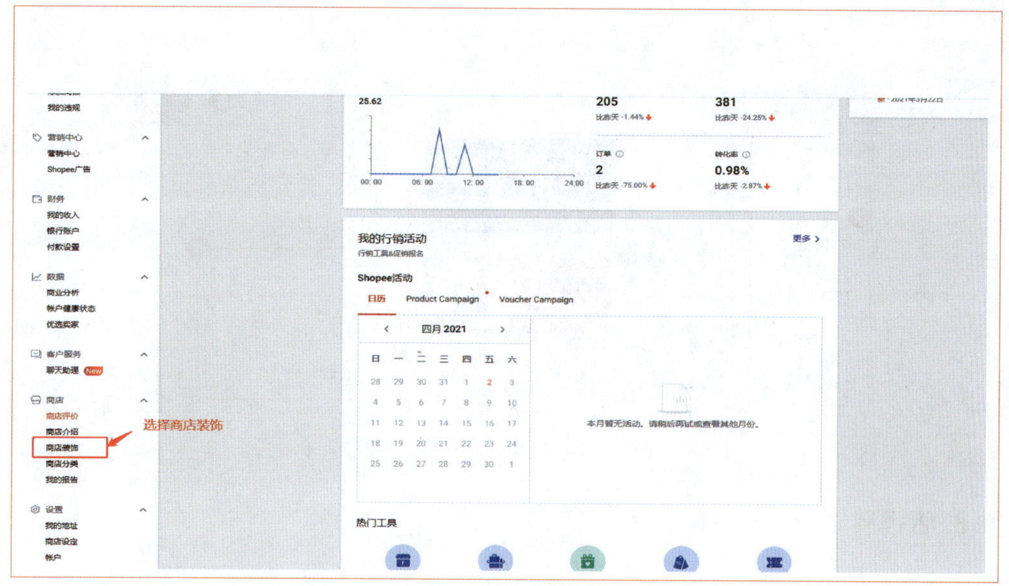

图 5-13　店铺装饰入口（1）

图 5-14　店铺装饰入口（2）

2. 店铺装修功能概览

1）部分选项：查看装饰组件并将新组件添加到画布中（见图 5-15）；

2）画布：可以查看装饰组件在商店中的显示方式；

3）操作栏：重新排列或从画布中删除组件；

4）组件属性栏：输入组件的图片、商品或类别。

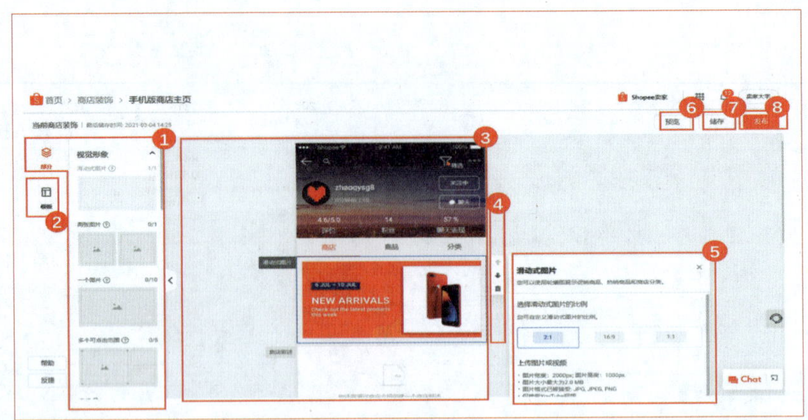

图 5-15　店铺装饰界面（1）

3. 店铺装修功能操作

（1）添加 / 删减组件

1）添加组件到画布中（见图 5-16）。

● 基础版：在“部分”面板中单击，按系统顺序添加在“画布”区域中。

●进阶版：在“部分”面板中单击并按住组件，将选定组件拖放到右侧的画布区域中。

图 5-16　店铺装饰界面（2）

2）重新排列组件。

进阶版：在画布中选择一个组件，以显示操作栏。单击向上和向下箭头移动组件。

3）删除组件。

基础 + 进阶版：在画布中选择一个组件，显示操作栏。点击垃圾箱图标进行删除。

（2）编辑组件

步骤 1：点击画布中的组件，以展开其属性面板；

步骤 2：添加所需的图片、超链接、商品或类别；

步骤 3：点击储存（见图 5-17）。

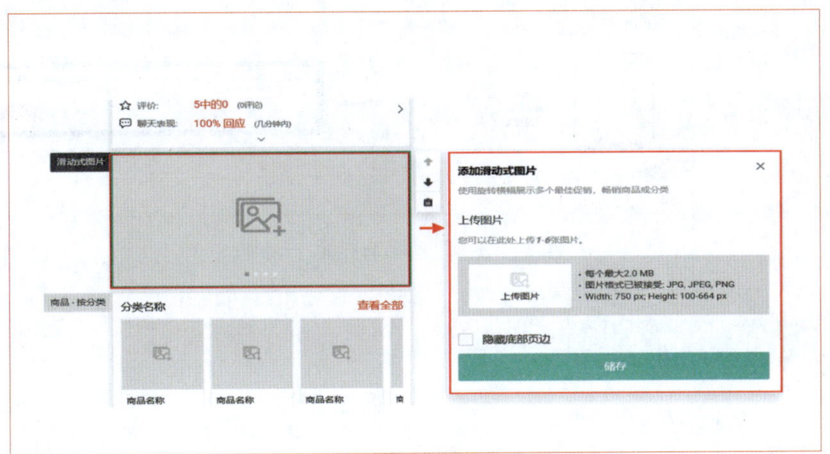

图 5-17　店铺装饰界面（3）

（3）发布

预览：查看店铺外观；

储存：以备将来编辑；

发布：即可开始展示店铺装饰（见图 5-18）。

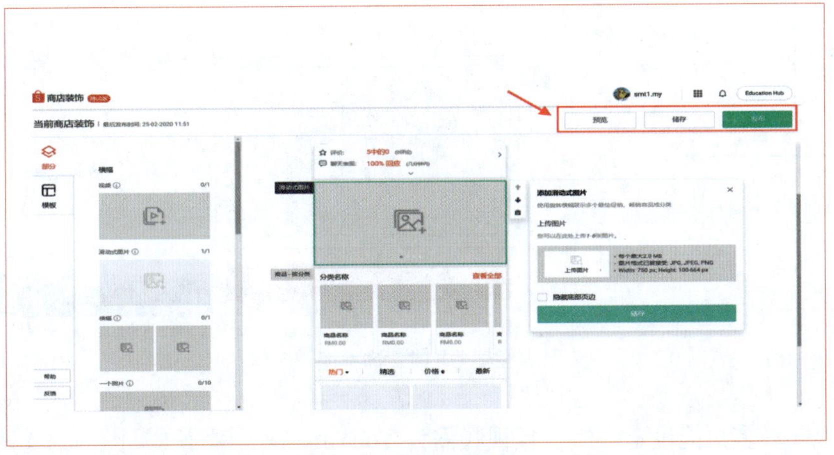

图 5-18　店铺装饰界面（4）

（4）停用

若想停用商店装饰功能，设置如下：点击“卖家中心”—“我的商店”—“商店装饰”，右下角出现对话框，点击“确定”（见图 5-19）。

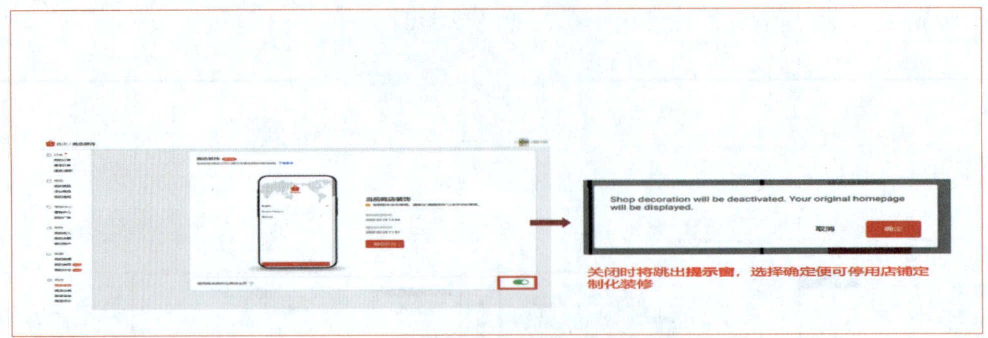

图 5-19 店铺装饰界面（5）

5.2.4 商店装饰实操

1. 商店装饰素材——视频（非必选）

1）在左边字段点选“部分”后，可以设定视频素材（见图 5-20）。

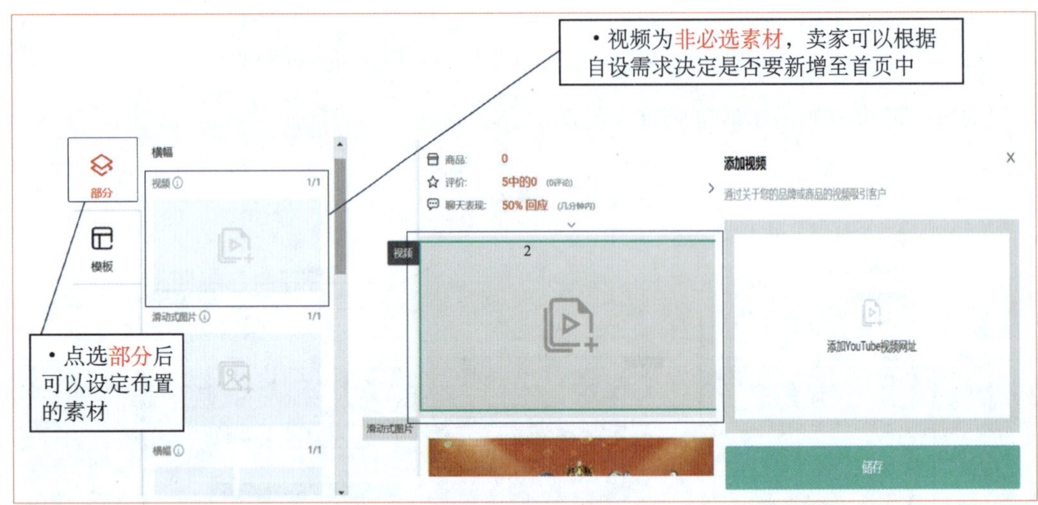

图 5-20 店铺装饰界面（6）

2）视频最多只能设定一组，且视频需为 YouTube 视频网址（见图 5-21）。

2. 商店装饰素材——图片

1）在左边字段点选“部分”后，可以设定滑动式图片（必选）和横幅（非必选）（见图 5-22）。

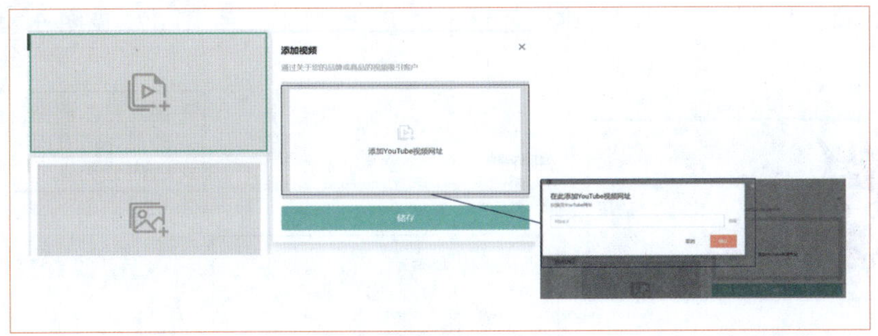

图 5-21　店铺装饰界面（7）

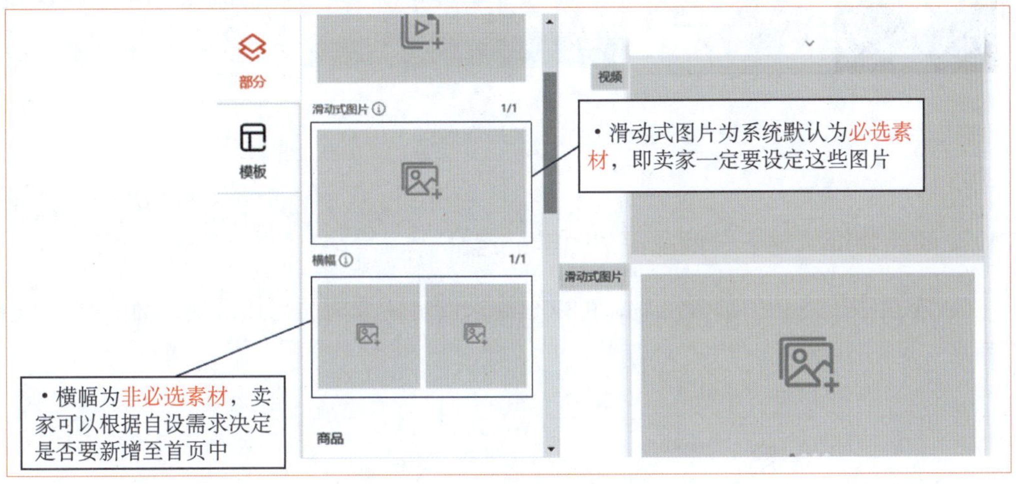

图 5-22　店铺装饰界面（8）

2）滑动式图片（必选）。滑动式图片最多只能设定 1 组，最少需设定 1 张图片，最多可以设定 6 张（见图 5-23）。

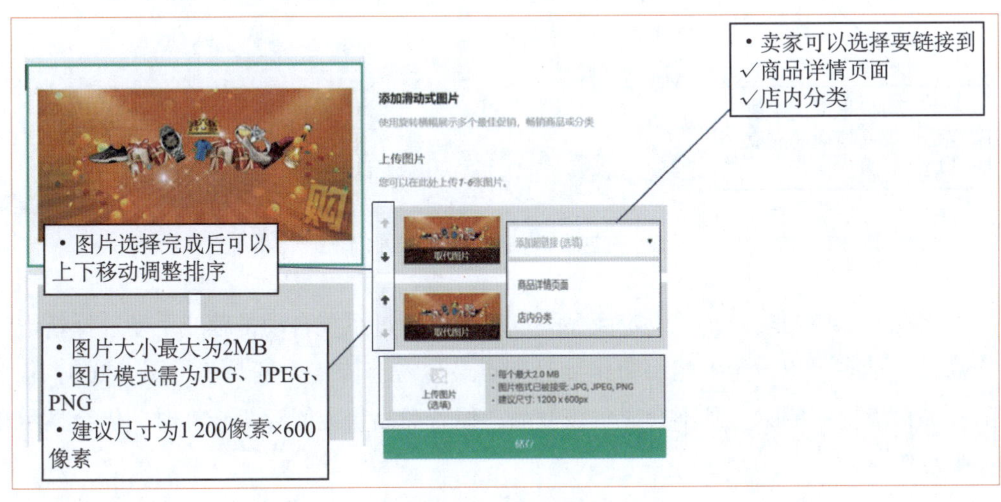

图 5-23　店铺装饰界面（9）

3）横幅（非必选）。横幅最多只能设定一组，需上传 2 张图片（见图 5-24）。

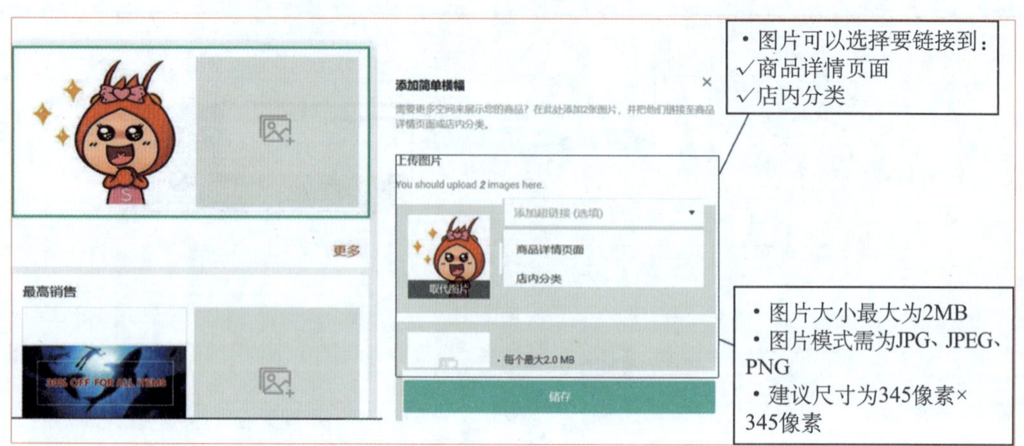

图 5-24　店铺装饰界面（10）

3. 商店装饰素材——商品亮点（非必选）

1）左边字段点选“部分”后，可以视需求设定新增商品亮点区块，商品亮点即主打商品（见图 5-25）。

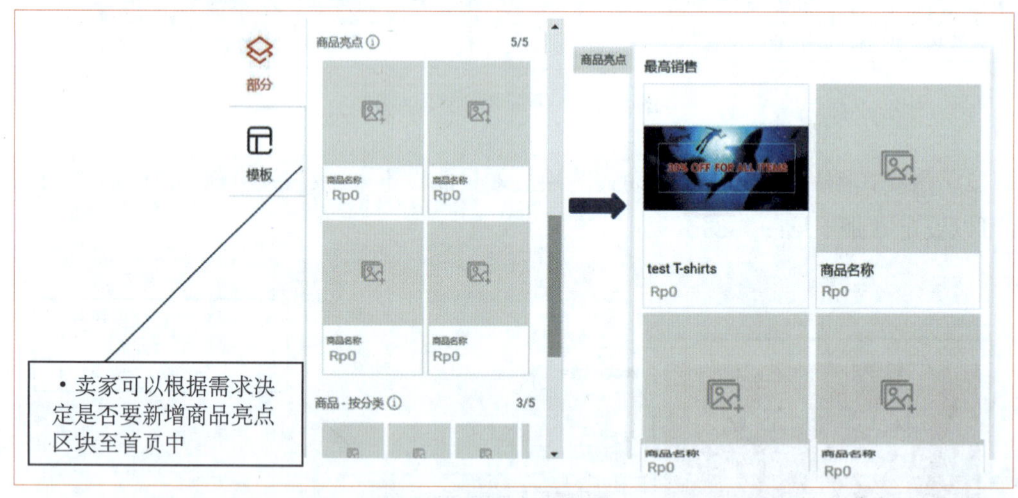

图 5-25　店铺装饰界面（11）

2）商品亮点（非必选）。设定商品亮点时，可通过系统自动推荐或手动选择新增商店内商品，最多可以设定 5 组，每组商品亮点最少需上传 4 个商品（见图 5-26）。若发布后商品被下架或删除，则不会显示该商品，但若商品售完库存等于 0 时，仍会显示在商品亮点中。

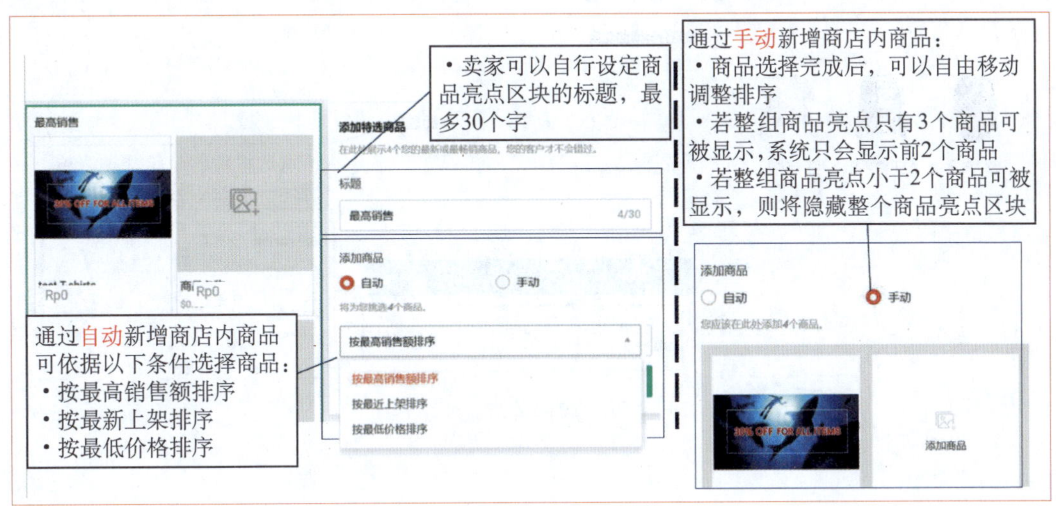

图 5-26　店铺装饰界面（12）

4. 商店装饰素材——商品 – 按分类（必选）

1）左边字段点选“部分”后，可以设定新增商品 – 按分类区块，此处可展示每个店内分类的热销商品（见图 5-27）。

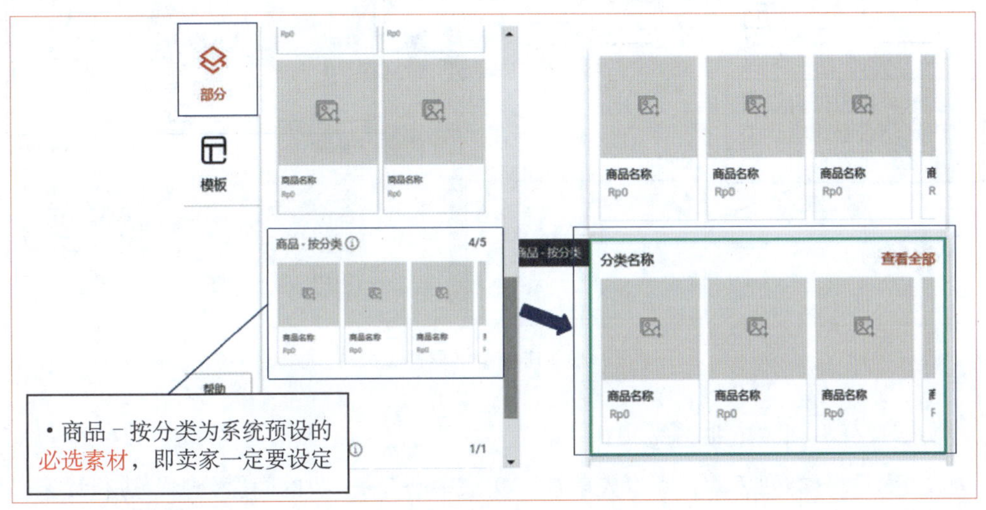

图 5-27　店铺装饰界面（13）

2）设定商品 – 按分类前，需事先前往“卖家中心”—“我的商店分类”进行设定。最多可以设定 5 组商品 – 按分类，而每组商品少要有 1 个商品才会显示于商店首页中（见图 5-28）。若正式发布后，商店分类被关闭或删除，则不会显示该商品 – 按分类区块。

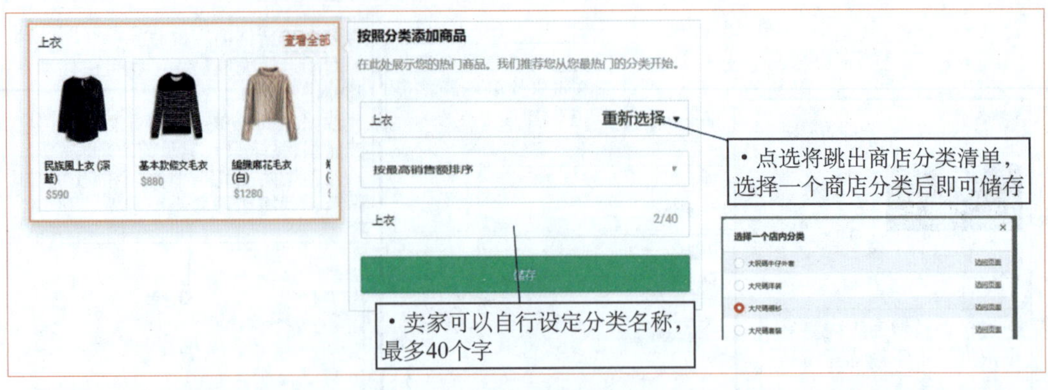

图 5-28　店铺装饰界面（14）

5. 商店装饰素材——图片分类列表（非必选）

1）左边字段点选“部分”后，可以视需求设定新增图片分类列表区块，此处可展示店铺内的热门分类，并链接至对应分类（见图 5-29）。

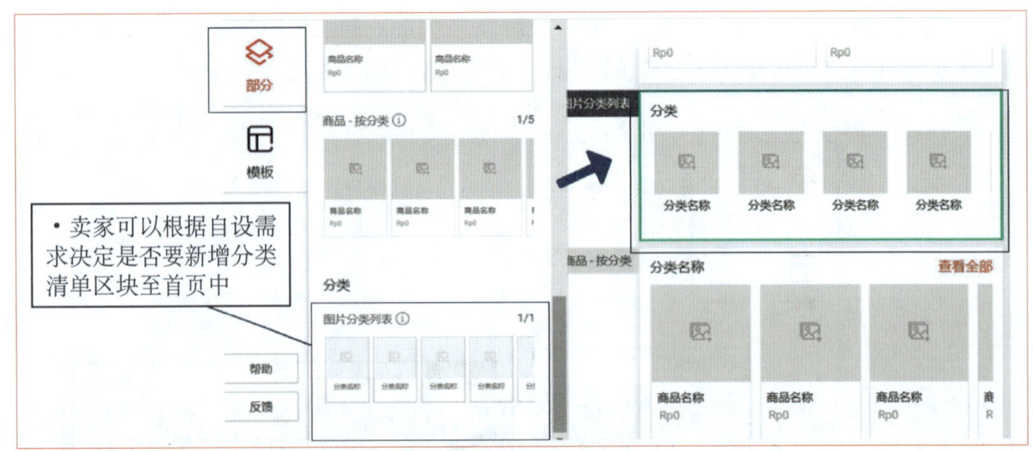

图 5-29　店铺装饰界面（15）

2）图片分类列表（非必选）。

- 设定图片分类列表前，需事先前往“卖家中心”—“我的商店分类”进行设定（见图 5-30）；
- 最多可以设定 1 组图片分类清单，图片分类列表中可设定 4 ～ 10 个店内分类，至少要有 4 个商店分类才会显示；
- 若正式发布后，店内分类被关闭或删除，则不会显示该店内分类。

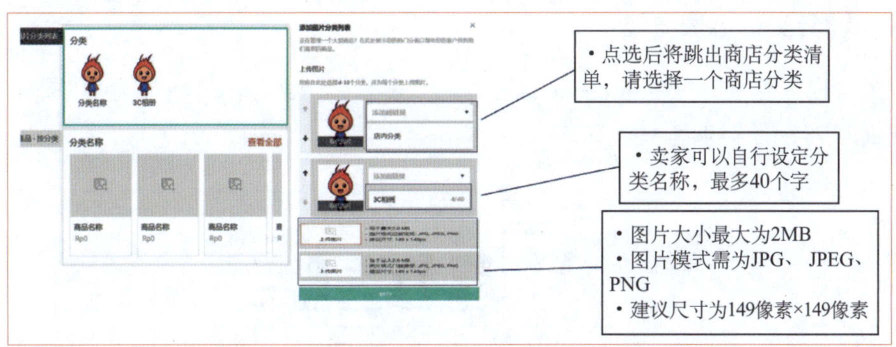

图 5-30　店铺装饰界面（16）

6. 素材设定完成后操作

1）素材都设定完成后，可以先点击“储存”将商店首页设置储存；

2）在发布之前可以先预览商店装饰，再将商店正式布置发布到商店首页（见图 5-31）。

图 5-31　店铺装饰界面（17）

5.2.5 店铺定制化装修自动分类

1. 自动分类启用

1）作用：被启用了的自动分类和 Shopee 分类，会自动在商店定制化装修中出现，供卖家选择（见图 5-32）。

2）途径：“商店”（Shop）—“商店分类”（My shop category）。

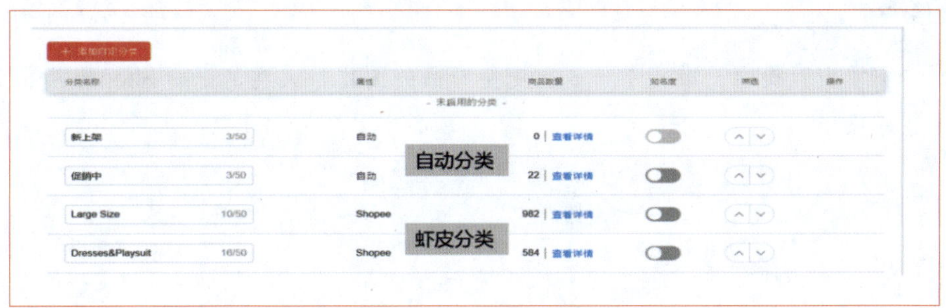

图 5-32　商品分类编辑界面

2. 自动分类：添加分类

进入“商店装饰”（Shop decoration）—“分类”（Category）—“图片分类列表”，从而管理商店分类（见图 5-33）。

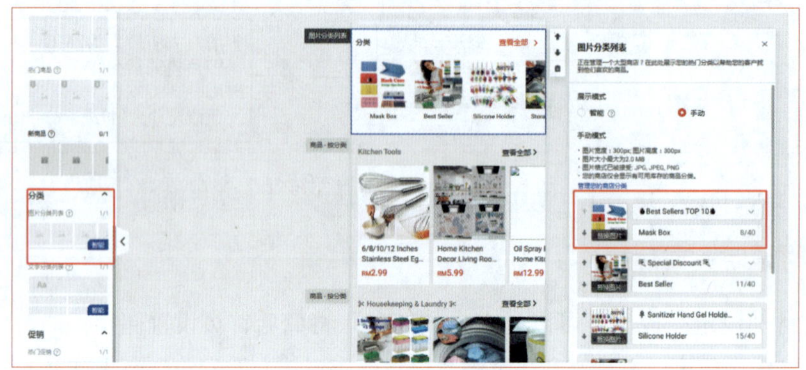

图 5-33　分类管理界面

进入“当前商店装饰”—“选择我的商店分类”，选择想要展示的分类（见图 5-34）。

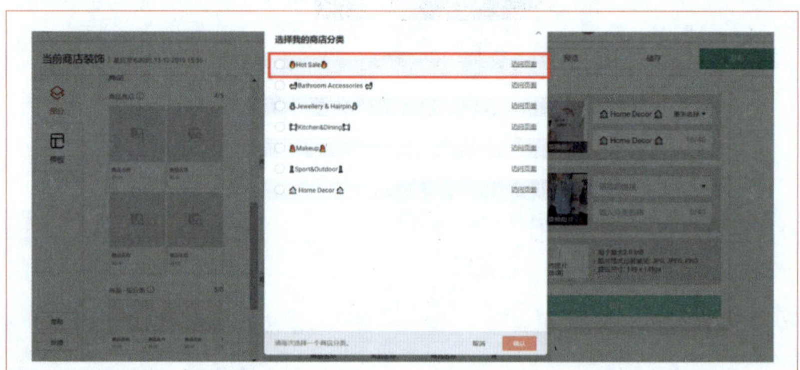

图 5-34　店铺分类选择

实战训练

根据本章内容提示，准备 1 ~ 3 款完整商品的图片、文案，完成 Shopee 店铺装饰、产品上架等操作。

第6章 平台规则及订单相关

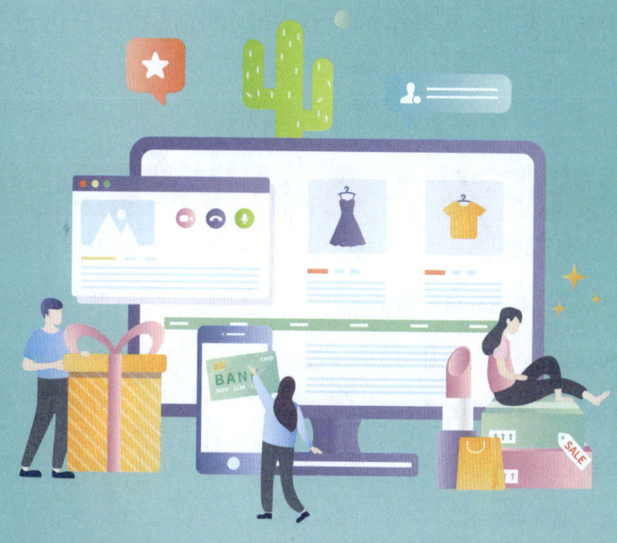

本章概述：

本章主要介绍了 Shopee 平台规则，罗列了值得卖家关注的各项平台奖惩措施，介绍了常见的订单类型及对应处理方法等。

学习目标：

了解惩罚计分系统、违反商家规则、客服服务计分规则、运输禁运品及运输违禁处理规则、滥用行为惩罚计分规则、优选卖家管理规则等。学会未付款订单处理、订单发货处理、已完成订单处理、已取消／退款／退货订单处理、异常订单处理等方法。

6.1 惩罚计分系统

6.1.1 惩罚计分

每周一会根据上周违规情况计入新的惩罚分数，并与该季度已有惩罚分数进行累计；每个季度（1 月、4 月、7 月、10 月）的第一个周一，会清零上一季度的惩罚分数，惩罚天数不会清零。卖家在一个季度内所获得的积分达到 3、6、9、12、15 分之后，将会获得相应积分对应的惩罚（见表 6-1）；优选卖家在惩罚积分达到 3 分之后，会被取消优选卖家标识。

表 6-1　累计惩罚分数列表

累计惩罚分数	3	6	9	12	15
惩罚级别	1 级	2 级	3 级	4 级	5 级
禁止参加 Shopee 主题活动（28 天）	√	√	√	√	√
无法享有 Shopee 运费或者活动补助（28 天）		√	√	√	√
商品将不会出现在浏览页面中（28 天）		√	√	√	√
商品将不会出现在搜索结果中（28 天）			√	√	√
不允许创建 / 修改商品（更改库存除外）（28 天）				√	√
账户冻结（28 天）					√

示例 1：

卖家 A 在第一季度第 3 周得到了 3 分惩罚计分，所以禁止参加 Shopee 主题活动 28 天。卖家 A 在第一季度第 7 周会重新获得参加活动的权利，惩罚积分在下个季度的第 1 周的周一清零。

示例 2：

卖家 B 在第一季度第 3 周得到了 3 分惩罚计分，所以禁止参加 Shopee 主题活动 28 天。卖家 B 没有提升自己的运营表现并在第 5 周又得到了 3 分惩罚计分，卖家 B 除了不允许参加 Shopee 主题活动惩罚，接下来 28 天也不会得到运费补贴。卖家 B 在第 9 周会重新获得参加活动和运费补贴的权利，惩罚计分在下个季度的第 1 周的周一清零。

在惩罚计分系统保持良好记录的方法：

1）经常更新店铺库存，以避免库存不足的情况发生；

2）在承诺发货日期内发出所有的订单；

3）仔细打包订单，以避免运输错误或者运输损坏情况的发生；

4）准确描述自己的商品，以避免歧义从而减少不必要的退款请求；

5）每周在卖家中心查看“我的表现”，如果有超标项目，立刻采取行动以避免惩罚加重。

6.1.2 违反上架规则计分

相关内容见第 4 章 4.3 Shopee 平台上架规范。

6.1.3 各市场订单未完成率和迟发货率标准

各市场订单未完成率和迟发货率标准计分见表 6-2。

表 6-2　各市场订单未完成率和迟发货率标准计分列表

中国台湾市场

计分项目	标准 1	计分
订单未完成率	>=10%	1
迟发货率	>=10%	1

计分项目	标准 2	计分
订单未完成率	未完成订单率 >=15 单且 >=10%	2
迟发货率	未完成订单率 >=30 单且 >=10%	2

菲律宾市场

计分项目	标准 1	计分
订单未完成率	>=15%	1
迟发货率	>=15%	1

计分项目	标准 2	计分
订单未完成率	未完成订单率 >=30 单且 >=10%	2
迟发货率	未完成订单率 >=30 单且 >=10%	2

越南市场

计分项目	标准 1	计分
订单未完成率	>=10%	1
迟发货率	>=10%	1

续前表

计分项目	标准 2	计分
订单未完成率	未完成订单率 >=30 单且 >=10%	2
迟发货率	未完成订单率 >=30 单且 >=10%	2

新加坡市场

计分项目	标准 1	计分
订单未完成率	>=10%	1
迟发货率	>=10%	1

计分项目	标准 2	计分
订单未完成率	未完成订单率 >=30 单且 >=10%	2
迟发货率	未完成订单率 >=30 单且 >=10%	2

马来西亚市场

计分项目	标准 1	计分
订单未完成率	>=10%	1
迟发货率	>=15%	1

计分项目	标准 2	计分
订单未完成率	未完成订单率 >=30 单且 >=10%	2
迟发货率	未完成订单率 >=15 单且 >=10%	2

印度尼西亚市场

计分项目	标准 1	计分
订单未完成率	>=10%	1
迟发货率	>=10%	1

计分项目	标准 2	计分
订单未完成率	未完成订单率 >=30 单且 >=10%	2
迟发货率	未完成订单率 >=50 单且 >=10%	2

泰国市场

计分项目	标准 1	计分
订单未完成率	>=10%	1
迟发货率	>=10%	1

计分项目	标准 2	计分
订单未完成率	未完成订单率 >=30 单且 >=10%	2
迟发货率	未完成订单率 >=50 单且 >=10%	2

6.1.4 客服服务计分

与买家沟通中不当言语及行为计分见表 6-3。

表 6-3　与买家沟通中不当言语及行为计分列表

与买家沟通中不当言语及行为	计分
过去 7 天卖家因自身因素通过聊聊请买家取消订单	2
过去 7 天在商品评论中使用辱骂性话语回复买家	2
过去 7 天在聊聊中使用辱骂性话语回复买家	2
过去 30 天订单数 >=10，并且聊聊回应率 <=20%	1
卖家因素涉及商品缺货、商品损坏、价格设定错误等状况。但若为合理说明性质或非卖家自身的问题，且可以从聊聊信息中判断，卖家将不会被计分。 过去 7 天评论及聊聊中使用辱骂性话语的卖家将计 2 惩罚计分。若为优选卖家，同时将移除优选卖家资格。	

1. 卖家引导买家至其他平台行为

Shopee 平台严禁卖家通过聊聊引导买家离开 Shopee 平台完成交易。一经发现有此类行为卖家将会受到相应的惩罚。

行为 1：

卖家在聊聊中将同一消息重复发给多个买家，消息内容包含但不限于：

1）宣传该卖家其他平台上的商品或服务；

2）将买家引导至其他网站；

3）发送与 Shopee 无关的信息；

4）传播卖家个人联系方式且没有明确在 Shopee 平台销售意图，一经发现存在该行为的卖家店铺将会被关店。

行为 2：

卖家在聊聊中多次提及并意图将买家引导至其他平台，若卖家第一次被发现存在该类行为将会被警告；若卖家第二次被发现存在该类行为将会被关店。

2. 申诉条件及方法

行为 1：

1）若卖家需要申诉或第一次违规且态度良好积极，改正并承诺不再做此类违规行为，卖家可通过客户经理申诉。若申诉成功，卖家的店铺将被恢复；若申诉未成功，卖家的店铺将被继续关店。

2）若已经承诺不再违规但再次违规的卖家将不再具有申诉资格，此类卖家申诉将被拒绝。

3）若卖家被关店后仍有订单未完成想要监控订单并取回账款，可以联系所属的客户经理。

行为 2：

卖家店铺被关闭证明该卖家已经多次违规行为，卖家将不具有申诉资格，卖家申诉将被拒绝。

6.1.5 运输禁运品及运输违禁

Shopee 物流将每天检查卖家运输商品的情况。若发现卖家运输空包裹或运输与订单不符的商品单次达到一定数量，将对卖家进行如下处理（见表 6-4）。

表 6-4 运输禁运品及运输违禁处理列表

次数	违反规则	严重违反规则
初次	警告	冻结店铺 28 天或关店
第二次	冻结店铺 28 天	关店
第三次	关店	—

卖家店铺在接受以上惩罚的同时将接受调查运输空包裹或与订单不符的商品原因，若发现刷单等欺诈或滥用行为，将受到相应处罚。

注意：若卖家可以提供证据证明未违反上述规则，请务必在客户经理通知的保存期内提出异议。超过保存期后，包裹将被做销毁处理。

6.1.6 滥用平台资源行为

若卖家被发现有以下滥用平台资源行为将会受到相应的惩罚（见表 6-5）。

表 6-5 滥用行为惩罚计分列表

滥用行为	惩罚计分
被系统侦测到的滥用行为	1
查实刷单、自买自卖行为	账户永久性冻结
查实滥用折扣代码行为	账户永久性冻结
假一赔二案成立 / Shopee 抽查确实为假货、仿品	15
系统侦测到卖家未填订单号点击发货或伪造、错误的物流单号	3

注意：若过去 7 天内 >=3 单且 >=50% 的订单被系统侦测到卖家未填订单号点击发

货或伪造、错误的物流单号，将计 3 分惩罚计分。

6.2 店铺评分 & 优选卖家

6.2.1 优选卖家管理规则

优选卖家管理规则见表 6-6。

表 6-6　优选卖家管理规则列表

项目	泰国	中国台湾	新加坡	马来西亚	印度尼西亚	越南	菲律宾
过去日历月最少净订单数	100	50	30	75	100	100	50
贡献订单量的最少买家数	15	25	10	35	25	50	30
最高订单未完成率	5%	5%	5%	5%	5%	5%	10%
最高迟发货率	5%	5%	5%	10%	5%	10%	10%
最低聊聊回复率	75%	80%	70%	70%	80%	80%	75%
最低店铺评分（实时）	4.5	4.8	4.6	4.6	4.5	4	4.5
预售商品最高占比	20%	50%	30%	5%	20%	20%	20%
预售商品最高占比	0	0	0	0	0	0	0

各站点评选优选卖家时，除了满足表 6-6 中相应评分项目的标准之外，还需满足以下附加条件（见表 6-7）。

表 6-7　优选卖家管理规则列表

<table>
<tr><th>中国台湾</th><th>泰国</th><th>菲律宾</th></tr>
<tr><td rowspan="3">1. 店铺于当季度内惩罚计分为 0 分；
2. 店铺开通信用卡支付方式；
3. 店铺月度总销售额在 3 万新台币及以上；
4. 卖场品质（不可有以下情况）：刊登盗版或侵权商品、商品数过少、开设过多专属卖场、于审核时卖场被停权、公开泄露他人资料；
5. 买家体验（不可有以下情况）：聊聊回复率低、卖场和商品描述不合规范、商品留言和评论中使用简体、人身攻击、散播低俗和仇恨等信息；
6. 卖家资讯：身份证明文件为有行为能力人；
7. 刊登贩售之商品符合 Shopee 上架规范</td><td>1. 店铺内无假冒伪劣商品；
2. 店铺内所有商品均为正品；
3. 店铺于当季度内惩罚计分为 0 分；
4. 店铺无欺诈行为</td><td>1. 店铺内所有商品均为正品；
2. 店铺于当季度内惩罚计分为 0 分；
3. 店铺无欺诈行为</td></tr>
<tr><th colspan="2">印度尼西亚</th></tr>
<tr><td colspan="2">1. 店铺内无假冒伪劣商品；
2. 店铺内所有商品均为正品；
3. 店铺于当季度内惩罚计分为 0 分</td></tr>
</table>

续前表

马来西亚	越南	新加坡
1. 店铺内无假冒伪劣商品； 2. 店铺内所有商品均为正品； 3. 店铺于当季度内惩罚计分为 0 分； 4. 店铺无欺诈行为	1. 未完成订单率 <=8%； 2. 迟发货率 <=8%； 3. 店铺于当季度内惩罚计分为 0 分	1. 店铺内无虚假商品链接； 2. 店铺内所有商品均为正品

注：因公众假期延迟或者系统原因造成未完成或者迟发货的订单均不会被计算在内

6.2.2 各站点优选卖家移除标准

移除优选卖家标准见表 6-8。

表 6-8　移除优选卖家标准一览表

站点	移除优选卖家标准
中国台湾	1. 连续两个月未达到该站点优选卖家评选标准门槛； 2. 店铺于当季度内惩罚计分 >=3 分； 3. 若有贩售盗版或侵权商品，经 Shopee 通知后，未在规定时限内提供正品证明或所提供证明不足以支持商品为正品的情况，除了会移除该商品，卖场也会被移除优选卖家的资格； 4. non fashion PO% >10% 超过 5 天
泰国	1. 当卖家不满足该站点评选优选卖家标准门槛当中的任何一项，则会被移除优选卖家资格； 2. 店铺由于当季度累积惩罚计分超过 0 分，也会被移除优选卖家资格
菲律宾	当卖家不满足该站点评选优选卖家标准门槛当中的任何一项，则会被移除优选卖家资格
马来西亚	当卖家不满足该站点评选优选卖家标准门槛当中的任何一项，则会被移除优选卖家资格
新加坡	当卖家不满足该站点评选优选卖家标准门槛当中的任何一项，则会被移除优选卖家资格
越南	当卖家不满足该站点评选优选卖家标准门槛当中的任何一项，则会被移除优选卖家资格
印度尼西亚	当卖家不满足该站点评选优选卖家标准门槛当中的任何一项，则会被移除优选卖家资格

6.2.3 优选卖家的优势

店铺头像及店铺所有商品均有“Preferred”标识（见图 6-1），买家对有该标识的店铺更加信赖与认可，有利于提高店铺转化率。

图 6-1　“Preferred”标识商品

6.3 订单管理

6.3.1 订单状态

1. 未付款订单（Unpaid）

未付款订单，即买家下单后未完成付款的订单（见图 6-2）。在卖家中心首页依次点击“Order Management”—“My Order”—“Unpaid”即可查看所有未付款的订单，如需查看某未付款订单的详细信息，可点击“Check Details”（查看订单详情）。

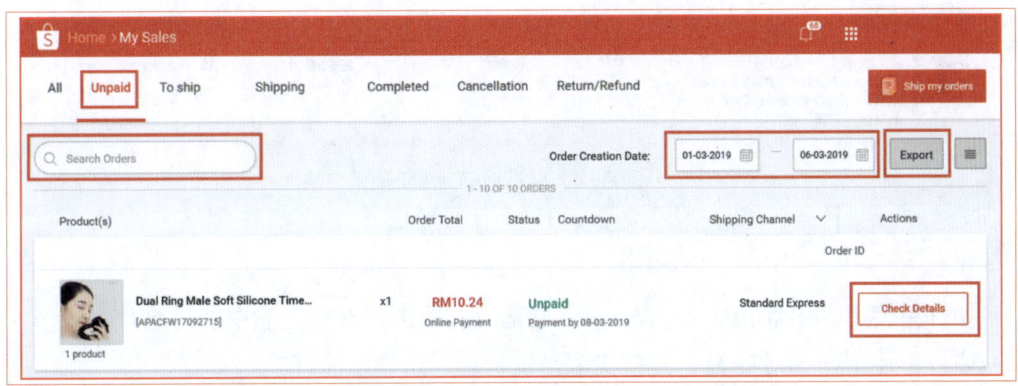

图 6-2　未付款订单详情查看

2. 待发货订单（To ship）

待发货订单分为待处理和已处理两个子状态。

1）待处理（To process）订单：买家已完成付款或者订单是货到付款形式，等待卖家发货的订单。卖家可点击发货（Arrange Shipment）按钮操作发货（见图 6-3）。

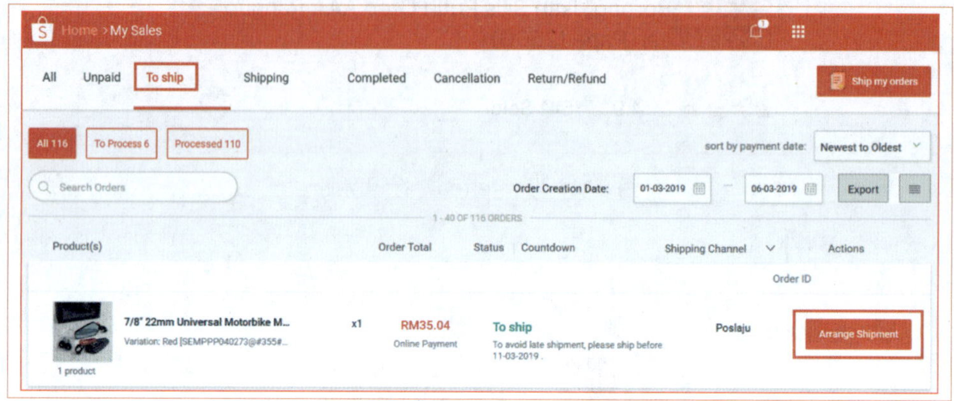

图 6-3　订单发货处理

2）已处理（Processed）订单：卖家已发货，在运送至 Shopee 转运仓途中的订单（见图 6-4）。

图 6-4　转运仓订单管理

3. 运送中的订单（Shipping）

如订单使用 SLS 物流，是指 Shopee 转运仓扫描之后在运送途中的订单。

如订单使用非 SLS 物流，是指卖家已发货在运送途中的订单。

卖家可点击查看订单详情（Check Details）或者订单任意位置查看更多订单详细信息（见图 6-5）。

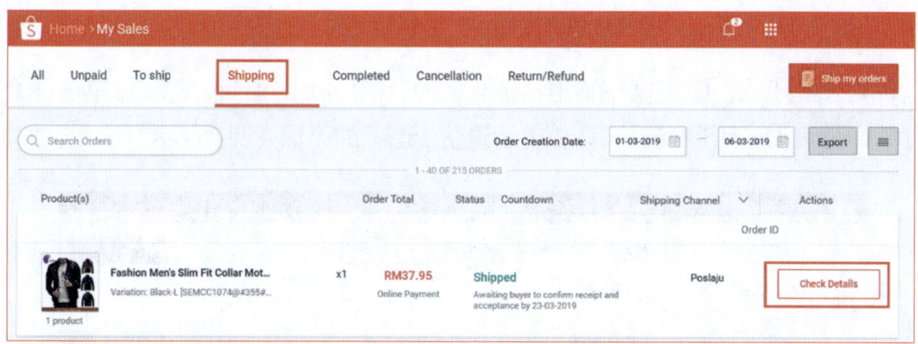

图 6–5　运送中的订单详情查看

4. 已完成订单（Completed）

已完成订单，即买家自行点击确认收货或者买家一直未操作确认，由系统自动确认收货的订单，卖家可以点击评价（rate）按钮评价相应订单的买家（见图 6-6）。

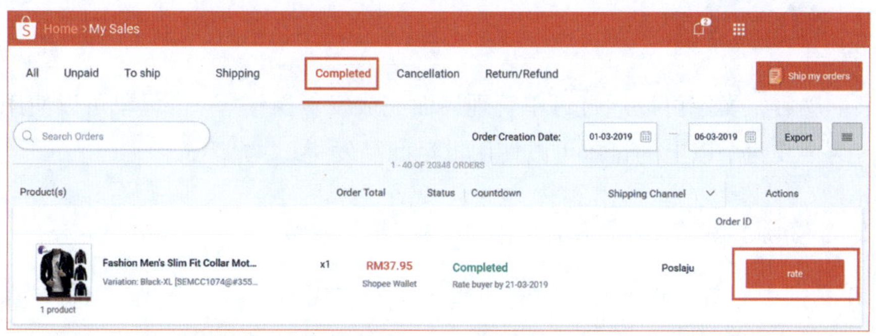

图 6–6　已完成订单详情查看

5. 已取消订单（Cancellation）

交易完成前，可由买家或者卖家取消订单。点击已取消订单的任意位置进入订单详情页面，可以查看该订单被取消的原因（见图 6-7）。

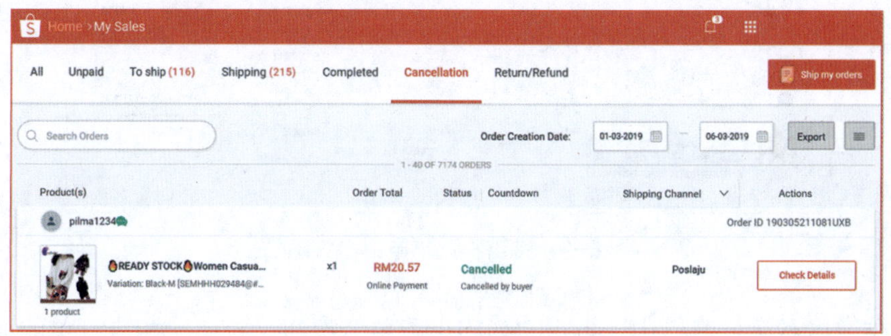

图 6–7　已取消订单详情查看

6. 退货 / 退款订单（Return/Refund）

退货 / 退款订单，即买家申请退货 / 退款的订单。点击退货 / 退款订单的任意位置进入订单详情页面，可以查看该订单申请退货 / 退款的原因（见图 6-8）。

图 6-8　退货 / 退款订单详情查看

6.3.2 订单发货

买家下单后，卖家可以通过订单管理界面完成发货操作，一个订单可以使用单个商品发货，两个或两个以上的订单可以使用批量商品发货。

1. SLS 物流订单单个商品发货

1）在卖家中心首页依次点击“订单管理”—“我的订单”—“待出货”查看待发货订单。选择“处理中”查看待处理订单，点击右侧“申请出货编号”（见图 6-9）。

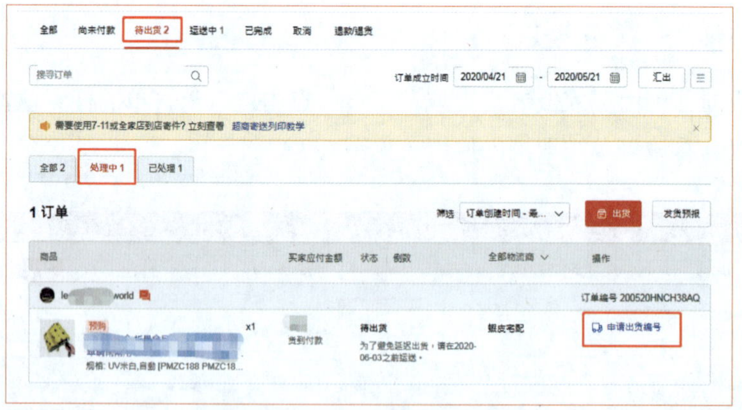

图 6-9　待出货订单申请出货编号

2）在弹出对话框窗口中，点击“列印出货单”按钮，打印出相应订单的面单（见图 6-10）。

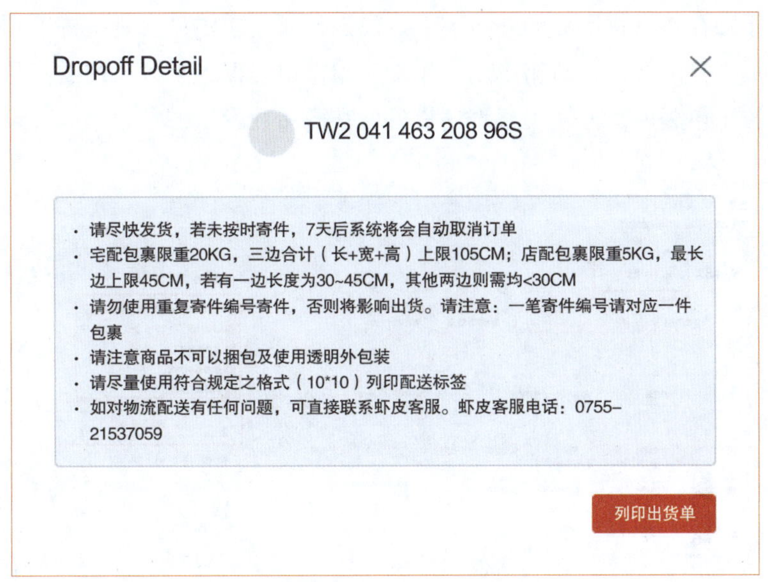

图 6-10　出货单打印

3）卖家将货物按要求进行打包，并寄往相应的仓库。收到货物后仓库扫描面单，货物状态会由“To ship”（待发货）自动转换为“Shipping”（运送中）。

2. SLS 物流订单批量发货

针对两个或两个以上的订单，卖家可以使用批量发货的方法完成发货操作，具体步骤如下：

1）在卖家中心首页依次点击“订单管理”—“我的订单”—“待出货”查看所有待发货订单，选择查看待处理订单，然后点击右侧出货按钮（见图 6-11）。

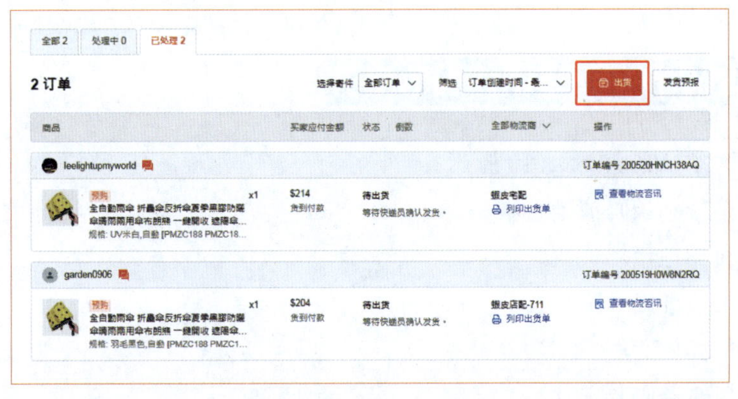

图 6-11　已处理订单查看

2）点击右上角“出货”，进入订单发货详情界面（见图 6-12）。在订单发货详情界面中点击右侧下载出货单，然后勾选需要批量发货的所有订单。同时，右侧可选择下载运送标签用于贴在待发货产品的外包装上，发送至买家手中；发货挑拣表用于检查本次批量操作完成发货的订单；装箱单用于发货时检查以确保每个订单内的商品齐全，也可下载打印后置于包裹内，方便买家收到货后检查商品数量。

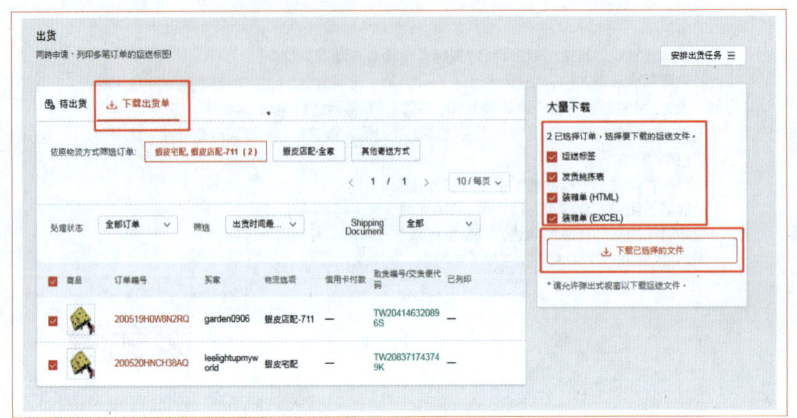

图 6-12　下载出货单

6.3.3 出货时间

Shopee 对每个订单发货时间有严格的要求，卖家需要在设定的发货时间内把货寄送到仓库并被仓库扫描完成。目前 SLS 发货时间由卖家在卖家中心自行设置，具体操作：在卖家中心依次点击“Shop Management”—“Shop Settings”—“My Shipping”。

发货日期，即 Ship by date，就是订单生成日期 +DTS（备货时间）的最后一个工作日，也就是卖家应该发货的时间。例如，订单生成日期是 2020/2/10，DTS 是 2 个工作日，那么发货日期就是 2020/2/12。

6.3.4 SLS 订单面单制作规范要求

1）标签大小：10 厘米 ×10 厘米；

2）SLS 单号和条码清晰且唯一；

3）包含目的地市场代码；

4）SLS 渠道准确且唯一；

5）P/T 货标识准确；

6）SLS 标签条码要求：

- 条码要清晰且不能太小；
- 条码部分不能折叠或覆盖。

运单标签样式及内容详解分别见图 6-13 和表 6-9。

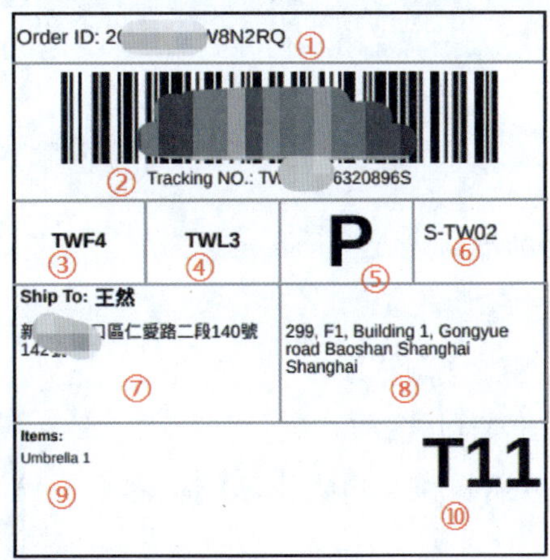

图 6-13 运单标签样式

表 6-9 运单标签内容详解

序号	描述	备注
1	Shopee 订单号（Order ID）	从 Shopee. orders. GetOrderDetails 接口中获取“订单编号”字段返回值
2	SLS 物流追踪号和相应条码	面单右上角是 SLS 物流追踪号的最后 5 位，条码制式：128
3	头程物流商	从 Logistics-Shopee. logistics. GetOrderLogistics API 获取 first_ mile_ name 的值
4	尾程物流商	从 Logistics-Shopee. logistics. GetOrderLogistics API 获取 last _ mile_ name 的值
5	产品类型：T（特货）、P（普货）	系统根据产品品类自行判断是普货还是特货，需要先获取 tracking number 之后，卖家从 Shopee. orders. GetOrderDetails 接口或者 Logistics-Shopee.logistics. GetOrderLogistics 接口获取 goods_ to_declare 字段：若为 False，则打印“P”；若为 True，则打印“T”。此值打印设置为：字号 82，粗体
6	Lane code X S 代表 Shopee+ 目的国（地区）	从 Logistics-Shopee. logistics. GetOrderLogistics 接口获取 lane-code 字段返回值
7	买家姓名、地址及电话号码	调用接口 Order-Shopee. order. GetOrderDetails 获取 full_address 字段信息
8	转运仓编号及地址	可为空
9	产品三级品类 × 数量	从 Shopee. orders. GetOrderDetails 接口获取 Items 中的字段信息
10	Shopee 提供的服务号码	从 Logistics-Shopee. logistis. GetOrderLogistics 接口获取 service_code 字段，此值打印设置为：字号 100、粗体，建议宽度大于 4 厘米

6.3.5 SLS 物流包装要求及客户投诉仓库异常处理

1. 总体打包要求

1）包装完好，不能有破损；

2）不能使用透明袋包装；

3）包装胶带不能盖住 SLS 标签；

4）尖锐物件需用坚固纸箱包装；

5）每个 SLS 包裹均必须是独立包裹，不能将多个 SLS 包裹缠绕一起。

2. 第一层打包

包装袋不透明，结实不易破损；贴上打印的国际面单（条形码不折叠，不能被胶带盖住，清晰可扫描），如未贴则算“无头件”；同一个订单里的商品只能包一起，一张国际面单只能贴在一个包裹上，否则算异常件“重复发货”（见图 6-14）。

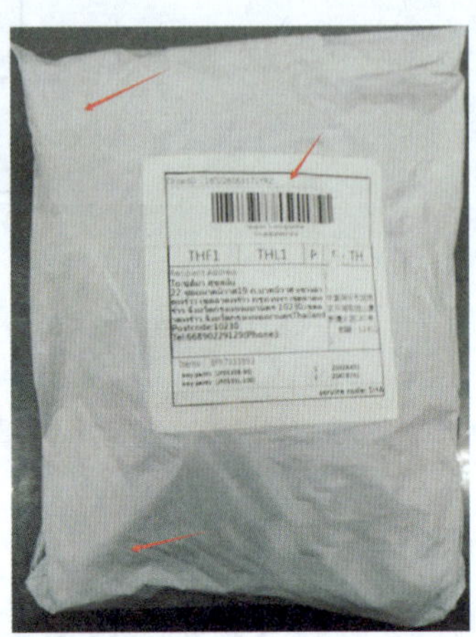

图 6-14　第一层打包外观

3. 第二层打包

每个订单的小包裹完成第一层打包后，同一个国家的小包裹装进一个运输袋（编织袋、邮包袋、纸箱等），运输袋的袋口用轧带绑紧（见图 6-15），并且在袋口系个标识卡（如是小包可贴在表面）。

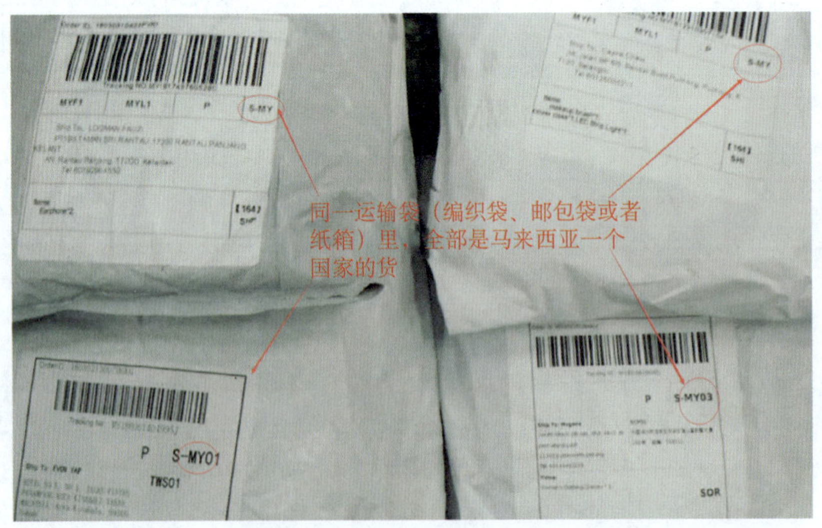

图 6-15　第二层打包外观

注意：多个国家的小包裹一起寄送，如果卖家想只寄送一个运输袋，分为以下两步。

第一步：将同一个国家的包裹装进一个运输袋，贴上一张纸标注国家代码（见图 6-16）。

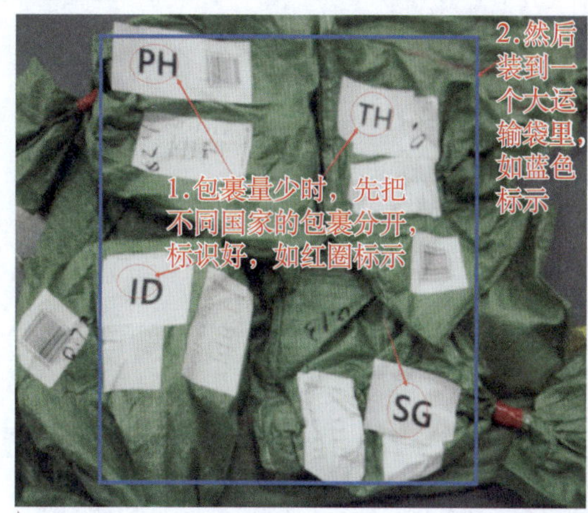

图 6-16　运输袋打包外观

第二步：将贴好不同国家标注的运输袋装进一个大运输袋里，再贴上标识卡。

标识卡规格：10cm × 10cm。

标识卡格式：公司全名；发货站点（英文缩写），填国家代码：SG（新加坡）/MY（马来西亚）/ID（印度尼西亚）/PH（菲律宾）；注明包裹内件数。

第二层打包好后，最外层运输袋上贴上国内的快递单，写好寄件地址，寄出。最终打包包裹示例外观见图 6-17。

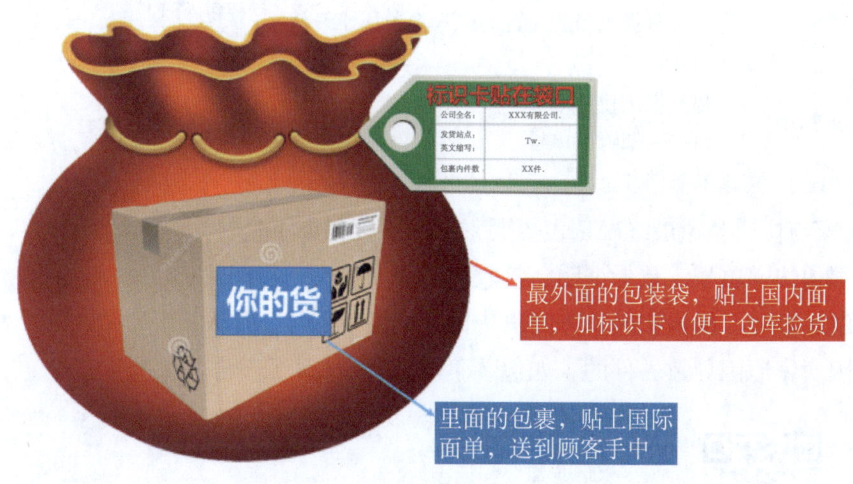

图 6-17　最终打包包裹示例外观

4. 客户投诉仓库异常处理

常见投诉类型处理见表 6-10。

表 6-10　常见投诉类型处理列表

<table>
<tr><th>投诉类型</th><th>卖家需提供举证材料</th><th>卖家举证时效</th><th>仓库回复时效</th></tr>
<tr><td>到仓遗失
（仓库已签收，但没有扫描入库）</td><td>1. 仓库签收凭证
2. 当天发货的所有 SLS 单号
3. 产品内外包装图片
4. Shopee 订单的出库记录截图或者 Shopee 面单的打印贴单记录截图（这两种方式都必须体现出索赔的 SLS 面单单号）
5. 账户注册名称</td><td>1. 包裹签收起 30 天内
2. 提交投诉起 2 个工作日内提供举证材料</td><td rowspan="8">3 个工作日</td></tr>
<tr><td>仓库丢失
（仓库扫描后，48 小时内无发运信息和异常记录信息）</td><td>Shopee 运单号</td><td>订单被仓库扫描起 120 天内</td></tr>
<tr><td>重量异议</td><td>1. 卖家提供 SLS 单号及订单实物称重
2. 买家提供实物照片</td><td rowspan="6">1. 货物寄出 20 天内
2. 提交投诉起 2 个工作日内提供举证材料</td></tr>
<tr><td>多票当一票发出</td><td>提供国内快递单号（含当天发货所有 SLS 单号）</td></tr>
<tr><td>取消件正常发出</td><td rowspan="2">提供 SLS 单号</td></tr>
<tr><td>取消、重复、违禁品 B、异常件销毁或丢件</td></tr>
<tr><td>换标面单贴错</td><td>联系买家提供当前包裹的尾程单号及 SLS 清晰单号图片</td></tr>
<tr><td>无头件、未知物流丢件</td><td>1. 提供国内快递单号
2. 对应未知物流单号
3. 实物照片</td></tr>
</table>

若卖家与快递公司最终确认包裹要索赔，需提供如下资料：

1）国内快递单号、重量证明、签收时间段、快递包裹图片；

2）SLS 单号、国内快递单号的出货记录或发货图片、视频；

3）因卖家原因导致丢件的（如包装不规范），仓库不理赔。

深圳仓库公告链接：
https: //docs.qq.com/doc/DWmJybVBXcXVVQmZX

6.4 订单售后

6.4.1 退货 / 退款订单

买家点击“确认收货”前可以在 Shopee 平台就以下情况提出退货 / 退款请求：

1）买家没有收到货物。

2）买家收到与订单不符的商品（如尺码、颜色、品类与订单不符）。

3）买家收到损坏或有瑕疵的商品。买家发起申请后，该订单会进入“Return / Refund”（退货 / 退款订单）状态，同时卖家会收到邮件提醒退货 / 退款，卖家可点击“Respond”（回应）按钮，进入订单详情界面查看买家申请退货 / 退款理由。

4）对于同意买家退货 / 退款申请的订单，卖家可以点击“Refund”（退款）给买家退款。对于需要提出争议的订单可以选择“Submit Dispute to Shopee”（向 Shopee 提出争议），申请 Shopee 售后客服介入处理（见图 6-18）。

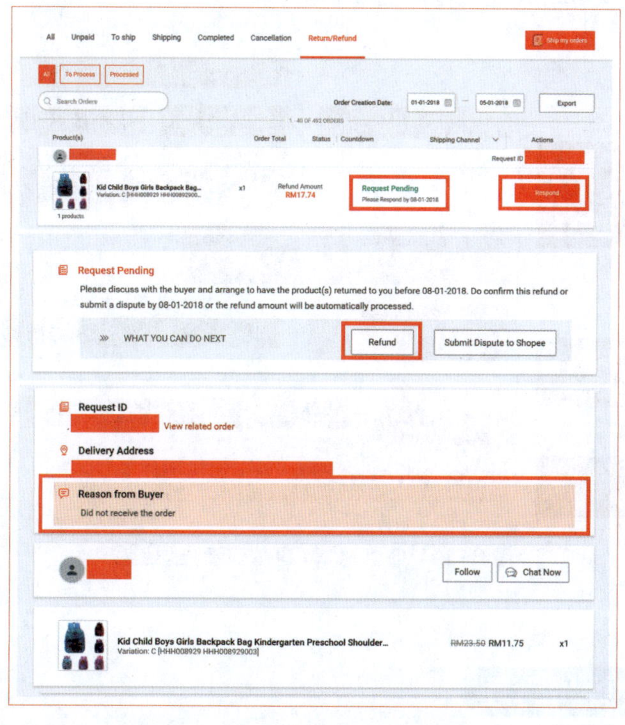

图 6-18　退货 / 退款订单处理

注意：卖家需要在指定时间完成“Respond”（回应）操作，否则系统会自动同意退款给买家。

常见退货 / 退款问题：

1. 买家申请部分退款应该怎么处理？

除泰国市场外，其他市场可在买家申请退款后拒绝退款，由当地客服介入操作部分退款，泰国市场暂时不提供部分退款服务。

2. 怎么将其他市场的包裹退回中国？

1）马来西亚市场。马来西亚市场的包裹暂时无法通过 SLS 退回中国，卖家需要与买家共同协商退货方式及费用分担，再进行退货。

2）印度尼西亚、泰国、菲律宾、新加坡、越南市场。非货到付款满 20 美元及以上金额的订单可以退回，但是需要卖家同意，并且卖家需要支付 8 美元的退货运费；20 美元以下的订单不提供退回服务。

3）印度尼西亚、泰国、越南市场货到付款订单。20 美元及以上金额的订单，因买家不收货造成的退回，目前 Shopee 平台免收退货费用，退回至卖家；20 美元以下的订单，不提供该服务。

收到退货 / 退款申请处理流程见图 6-19。

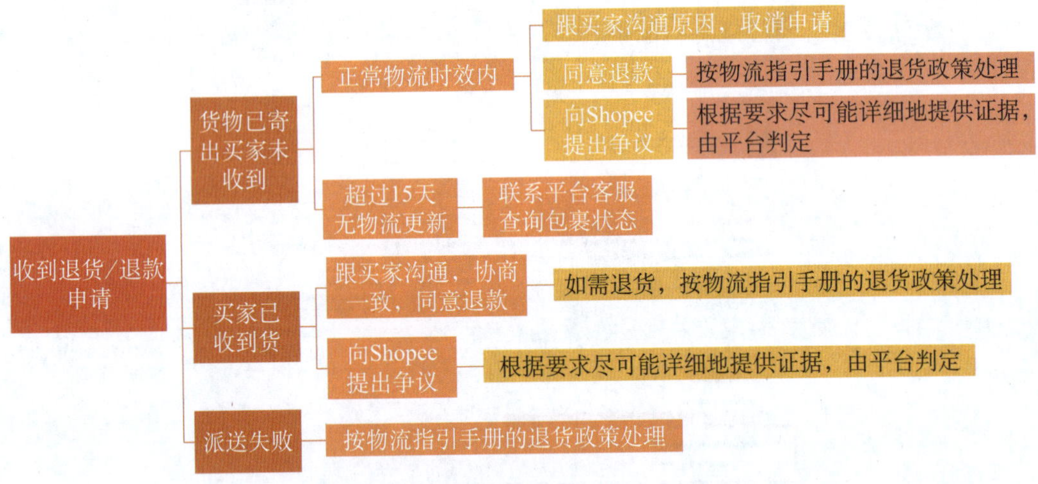

图 6-19　收到退货 / 退款申请处理流程

6.4.2 订单评价管理

1. 查看订单评价以及回复买家评价

点击“Shop Settings”—“Shop Rating”即可查看所有买家已评价订单的评分，卖家点击“Reply”回复买家的评价（见图 6-20）。

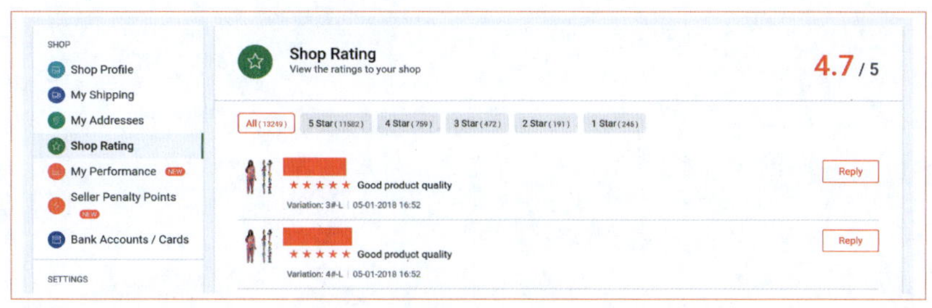

图 6-20　订单评价回复

2. 评价时间

买家需在 15 天内进行订单评价，建议卖家在订单完成后及时鼓励买家给予好评。

3. 买家修改评价

若有买家给予了差评，建议卖家及时与买家协商修改评价，评价后 30 天内有 1 次修改评价的机会。买家修改评价步骤：点击“Me”—“My Purchase”，找到对应订单后，点击“Shop Rating”—“Change Rating”，修改评价之后点击确定修改即可（见图 6-21）。

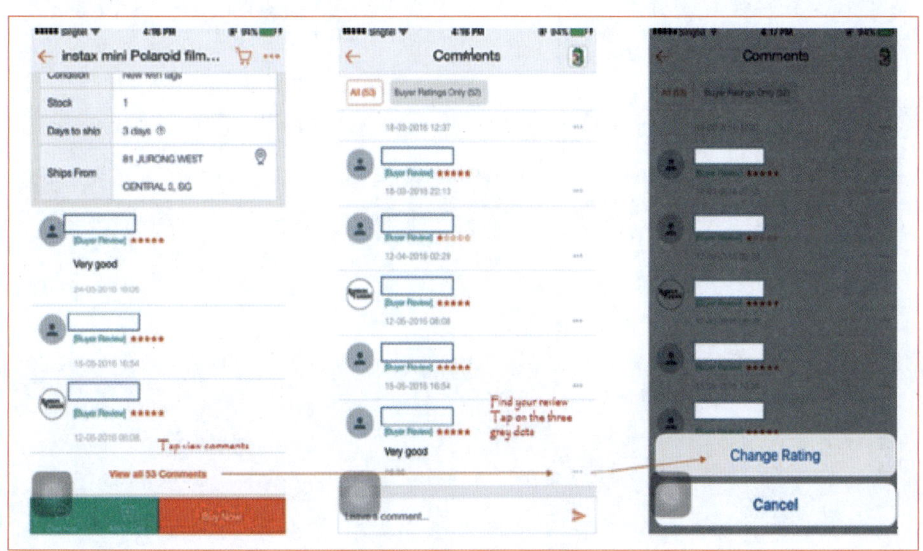

图 6-21　订单评价修改

实战训练

根据本章内容提示，自行完成 Shopee 店铺日常订单处理，并熟记常见平台交易规则。

第7章

第三方辅助工具使用

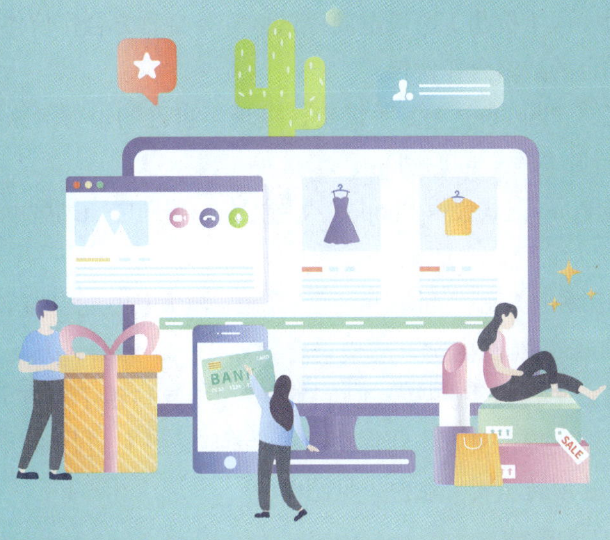

本章概述：

本章主要介绍适合 Shopee 平台使用的常见收款软件及几款数据分析软件、ERP 软件，重点提及 PingPong 收付款软件、知虾数据分析软件及马六甲 ERP 软件的使用方法和技巧。建议读者带着问题阅读本章内容。

学习目标：

了解常见数据分析软件的特点，了解一款以上数据分析软件，学会马六甲 ERP 软件使用方法。

7.1 PingPong 收款软件

7.1.1 PingPong 简介

PingPong 隶属于杭州乒乓智能技术股份有限公司，是一家中国人创立的全球收款公司，致力于为中国跨境电商卖家提供低成本的海外收款服务。PingPong 是专门为中国跨境电商卖家提供全球收款的品牌。PingPong 与国内跨境出口企业建立了紧密合作关系，并荣幸成为中国（杭州）跨境电商综试区管委会官方合作伙伴以及上海自贸区跨境电子商务服务平台的战略合作伙伴。

用户把资金汇入 PingPong 无需手续费，提现至自己的银行卡账户遵循“提现费率 1% 封顶，阶梯式计算费率”的原则。

2018 年，Ping Pong 正式接入 Shopee 六大站点，帮助中国品牌触达东南亚超 6 亿消费者。

PingPong 收款币种：美元、英镑、欧元、日元、澳大利亚元、加拿大元、新加坡元。

PingPong 是 Shopee 对国内卖家的支付合作商之一，即第三方支付模式。买方选购商品后，使用第三方平台提供的账户进行货款支付（支付给第三方），并由第三方通知卖家货款到账、要求发货；买方收到货物，检验货物，并且进行确认后，再通知第三方付款；第三方再将款项转至卖家账户（见图 7-1）。

图 7-1　PingPong 货款支付流程

注册 PingPong 需要准备什么材料？

中国内地个人用户：手机号码、电子邮箱；身份证正反面彩色影印件、本人手持身份证照片；本人银行储蓄卡。

中国内地企业用户：手机号码、电子邮箱；企业最新营业执照；法定代表人身份证彩色影印件；股东证件、股权架构图经合规部门审核之后需要提交的（如适用）；公司章程（欧洲站适用）；企业对公银行账户（注意：企业对公账户收人民币需要到外汇管理局进行收付汇名录登记，收原币种需要具备进出口资质）。

中国香港个人用户：手机号码、电子邮箱；身份证件正面彩色影印件（支持护照 / 香港永久居民身份证影印件）、手持证件照片，若本人常驻地址在内地，需提供港澳居民往来内地通行证；本人香港银行储蓄卡。

中国香港企业用户：手机号码、电子邮箱；商业登记证（HK Business Registration Ordinance）；公司注册证明书（Certificate of Incorporation）；NAR 最新版 / NC1/NNC1/ D1+MA，以上 4 种文件提供一种即可；董事证件；股东证件经合规部门审核后需提交的（如适用）；公司章程（欧洲站适用）；企业对公账户。

7.1.2 PingPong 注册流程

	使用 PingPong 专属注册二维码

PingPong 账号创建流程见图 7-2 至图 7-4。

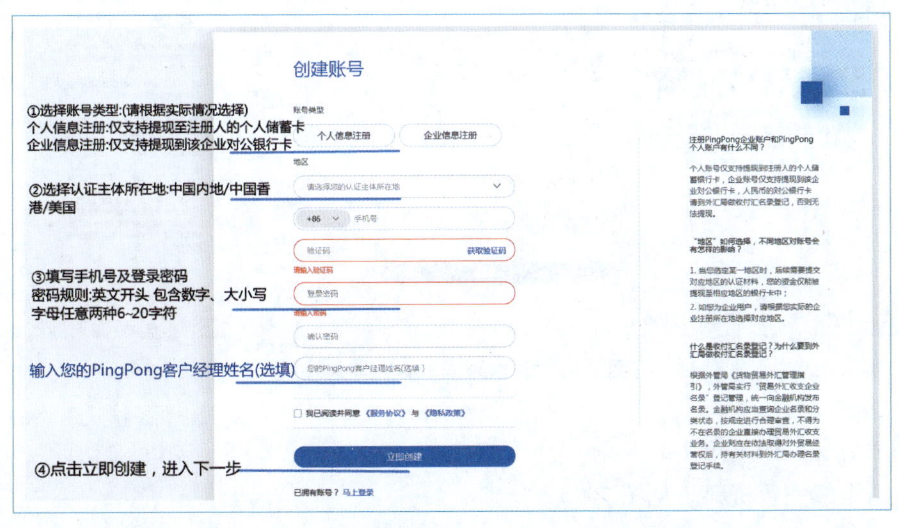

图 7–2　创建账号—个人信息注册（1）

注意：根据自身情况选择个人账号类型，一旦选择将无法更改。

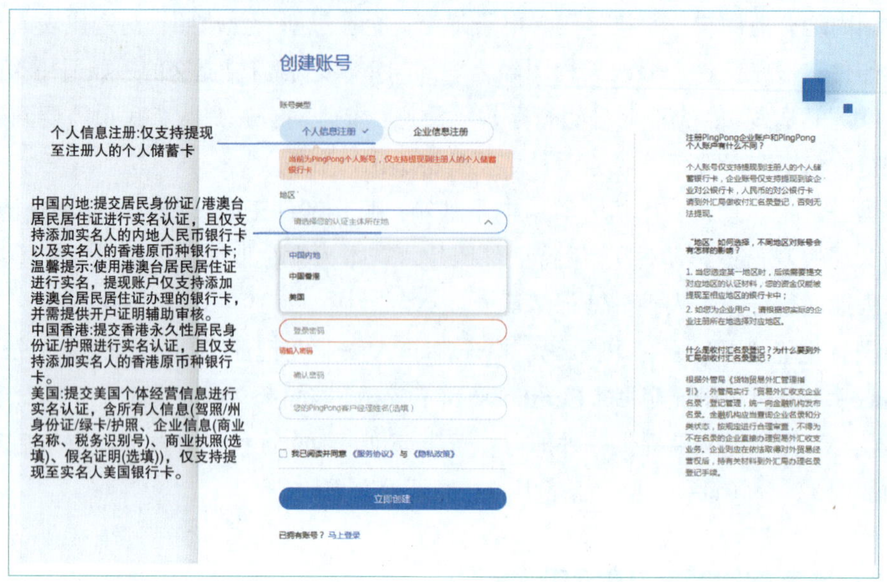

图 7-3　创建账号—个人信息注册（2）

注意：根据自身情况选择企业账号类型，一旦选择将无法更改。

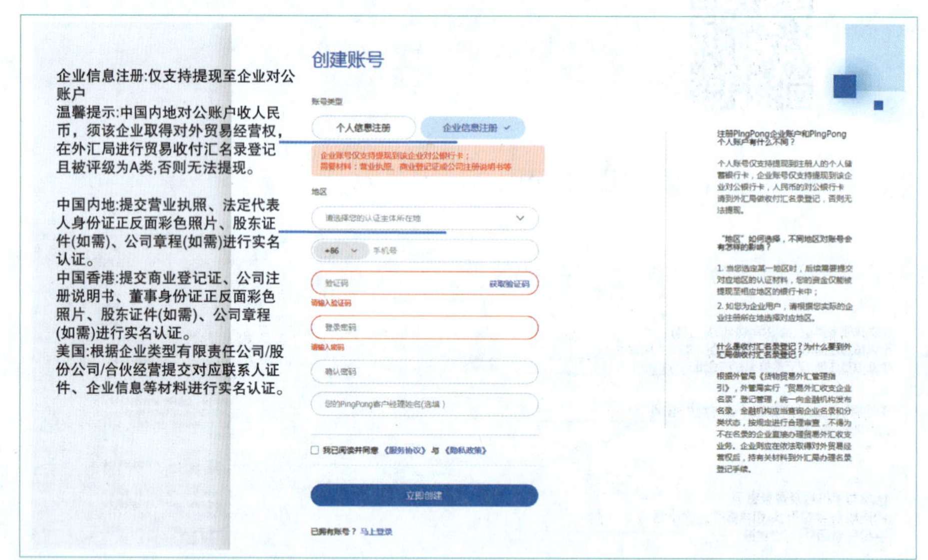

图 7-4　创建账号—企业信息注册

创建成功界面见图 7-5。

点击继续完善资料（见图 7-6）。

至邮箱查收邮件，激活 PingPong 账号（见图 7-7 和图 7-8）。

图 7-5　创建成功界面

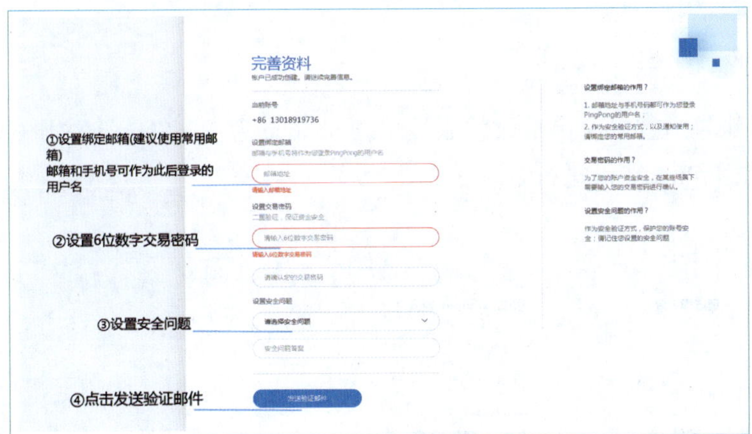

图 7-6　完善资料界面

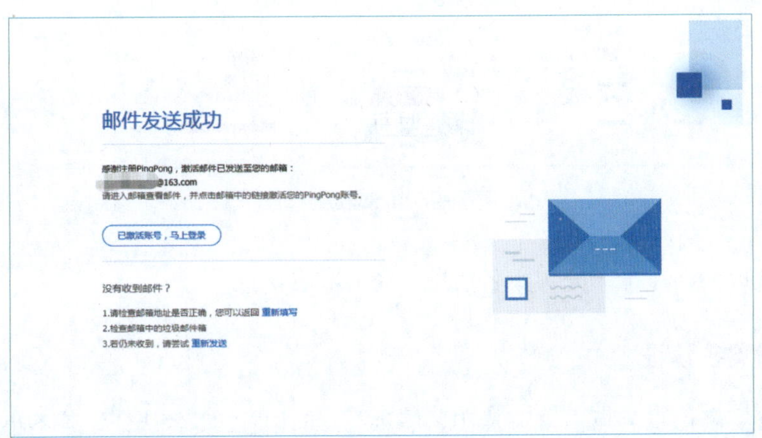

图 7-7　邮件发送成功界面

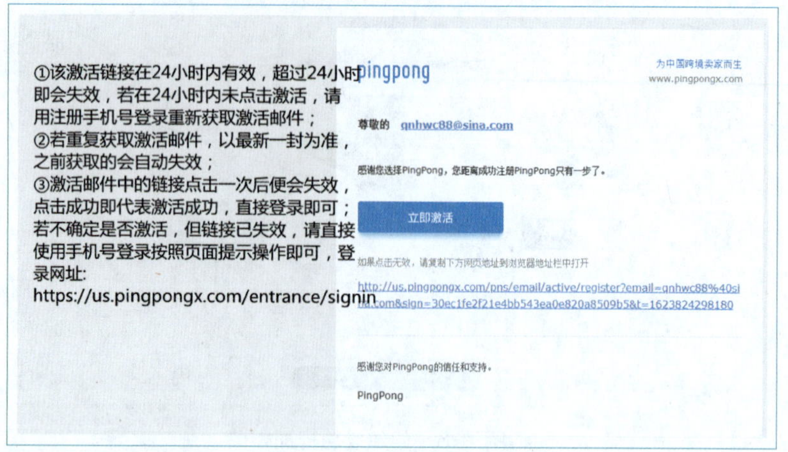

图 7-8 激活邮件注意事项

1. 申请收款账号

1）激活账号后登录，申请收款账号。以 Shopee 为例，Shopee 注册过程中需要收款账号，可先在 PingPong 进行申请（见图 7-9）。

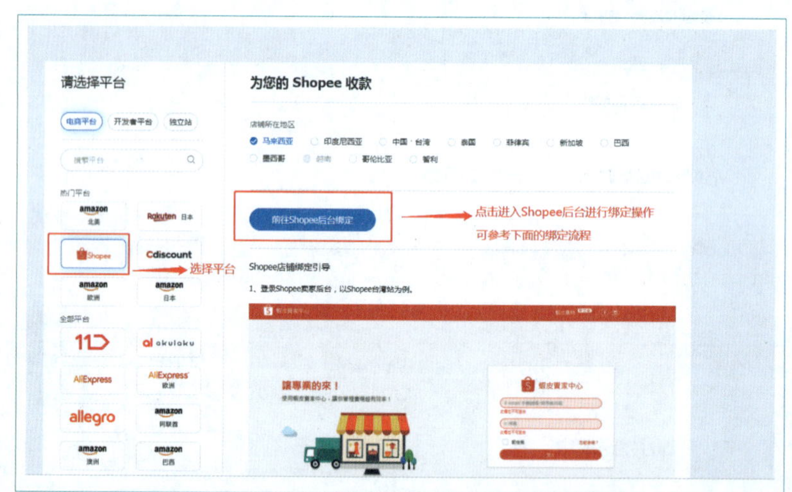

图 7-9 申请收款账号

2）提交成功，点击“完善实名信息”完善实名认证。

2. 完成实名认证

1）完善实名信息。点击“完善实名信息”，前往提交实名认证。若不小心点到其他页面，也可点击右上角“账号中心”—“实名认证”，提交实名信息。

2）中国内地用户应阅读服务协议，勾选确认。备注：中国香港用户不用签署电子账户服务协议，直接上传实名信息即可。

3）上传实名证件。以个人用户为例：上传居民身份证或港澳台居民居住证。

4）进行智能人脸识别。打开微信扫描页面二维码，根据手机上的提示完成人脸验证。

5）手机验证成功后，电脑端页面点击“已完成认证”，提交实名信息。

3. 添加提现账号

实名认证通过之后，需要添加提现账户。操作步骤：点击右上角“账户中心”—“提现账户”—“添加新账号”，进行添加。

7.1.3 如何将 PingPong 绑定到 Shopee 进行收款

Shopee 店铺绑定应先设置子母账号系统，通过母账号（即主账号）设置付款密码，再去绑定支付服务 PingPong。

Shopee 子母账号系统详情查看 https: //Shopee.cn/college/12/21/240?login=1。

登录 PingPong，进入“添加店铺”页面，如已注册 PingPong 账号，点击右上角“申请收款服务”（见图 7-10）。

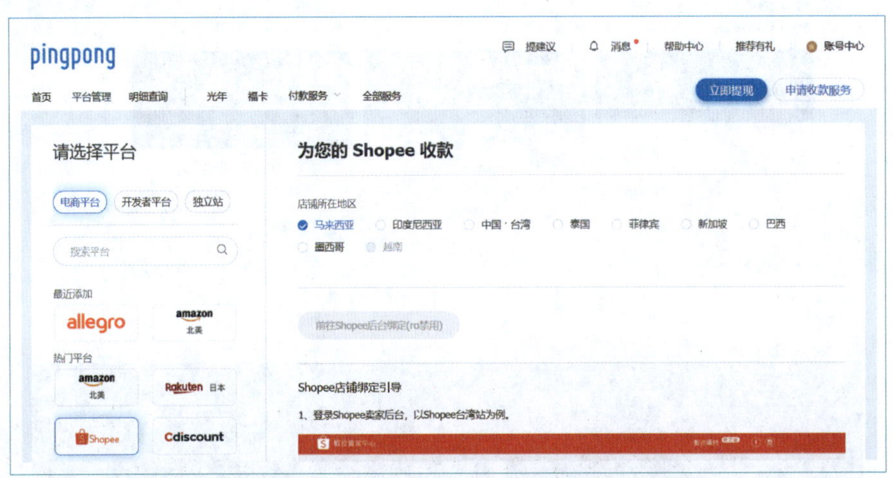

图 7-10　绑定支付服务

1. 登录 Shopee 卖家后台

选择好店铺所在地区，登录 Shopee 卖家后台，以 Shopee 马来西亚站点为例，找到“我的钱包”（见图 7-11）。

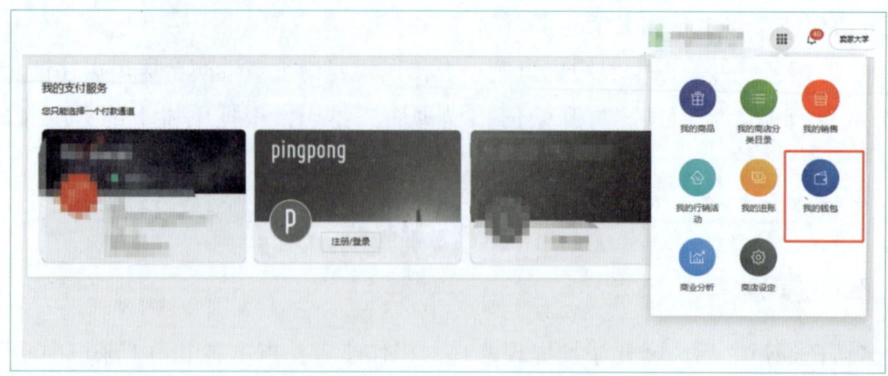

图 7-11 “我的钱包”界面

2. 创建付款密码

在页面下方选择“PingPong”，会出现提示框需要卖家输入付款密码，点击“创建付款密码”，页面会跳转进入子账户平台（见图 7-12）。在子账户中选择左侧“我的账户”（My Account）—“现在设定”。绑定 PingPong 需要输入付款密码，相当于支付宝的支付密码，需要卖家再次设置（见图 7-13）。

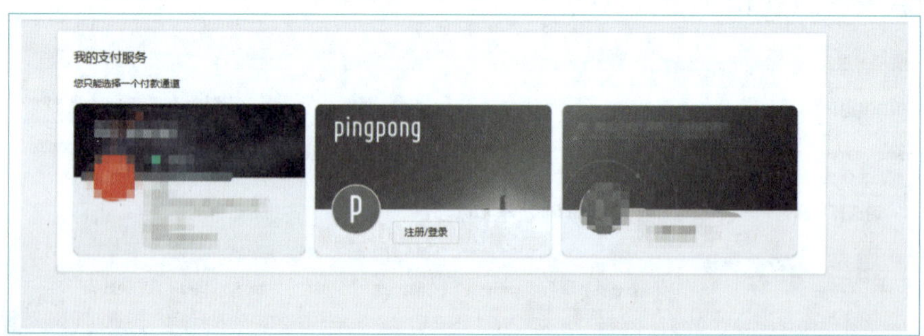

图 7-12 选择付款通道

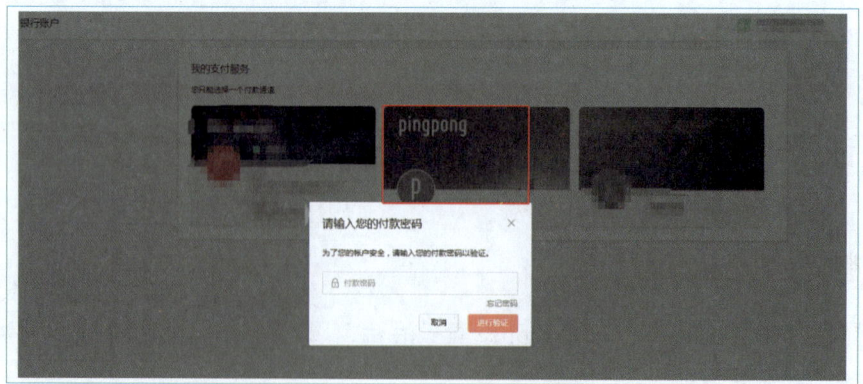

图 7-13 设置付款密码

3. 绑定 Shopee 店铺

成功输入独立钱包密码后，图 7-14 所示是活跃的状态，即表示 Shopee 店铺已绑定成功。

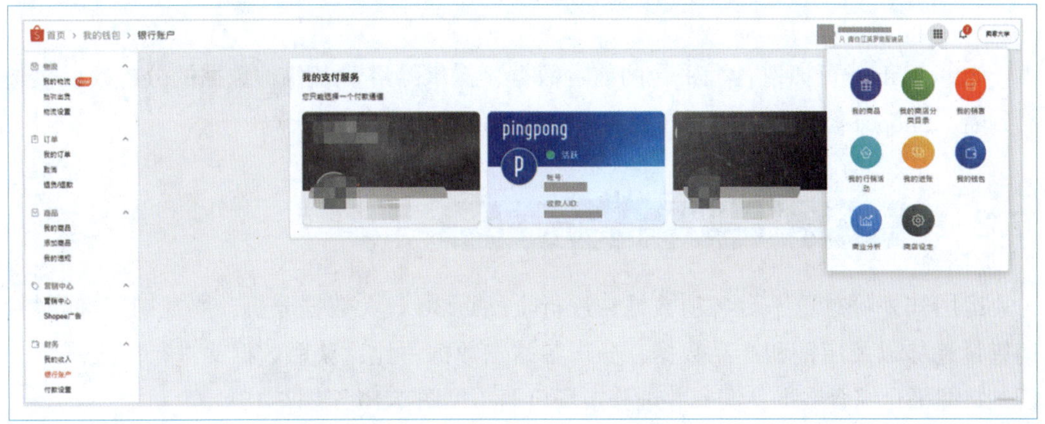

图 7-14　绑定 Shopee 店铺

4. 等待平台首次打款入账

返回 PingPong 账号，点击左上角“平台管理”切换到 Shopee，等待平台首次打款入账（见图 7-15）；在实名认证完成之后，即可在正常店铺状态查询已绑定的店铺。

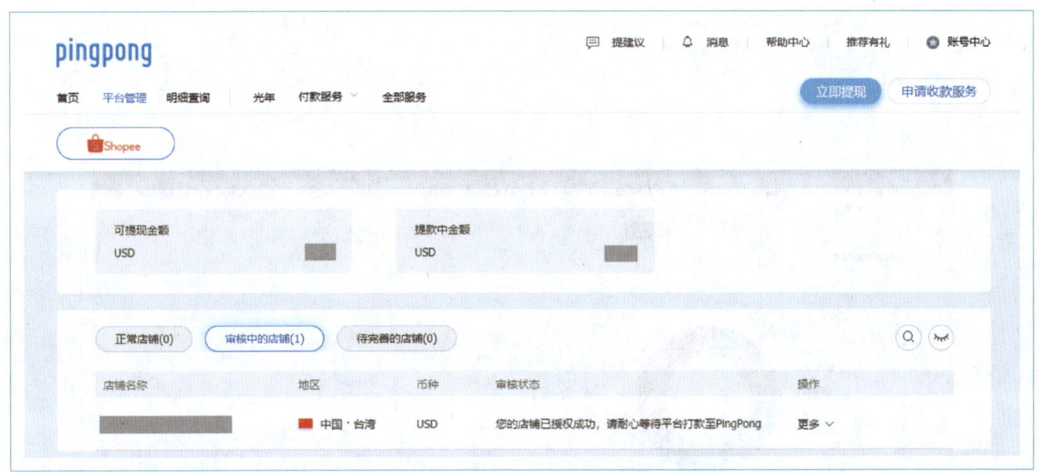

图 7-15　等待平台打款界面

7.2 知虾数据分析软件

知虾 Python 可抓取各大平台的前台数据，提供给经营者各种数据的分析，以供选品判断。Shopee 经营者可运用知虾数据分析软件进行数据化运营。

7.2.1 洞察大盘走势，寻找蓝海市场

运用知虾可总览平台各项数据，进行全站近 30 日大数据分析，展现销售额趋势、销售量趋势以及店铺和产品数据，分析各站点数据占比，获取数据并进行图表展示分析，掌握平台综合数据，洞察并细分市场机遇（见图 7-16 至图 7-18）。

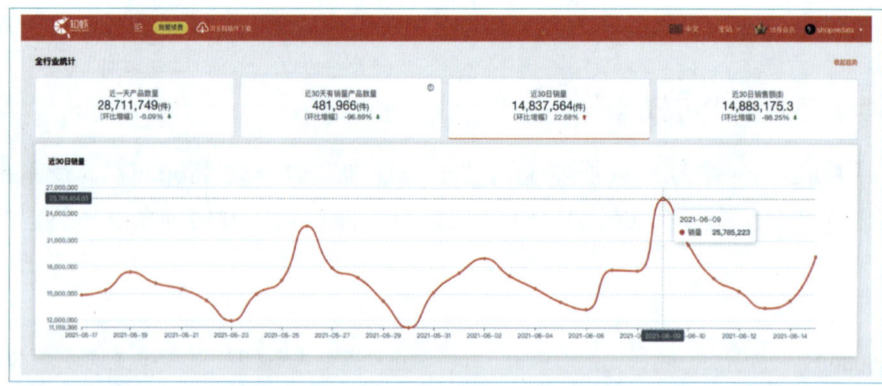

图 7-16　平台近 30 日销售量

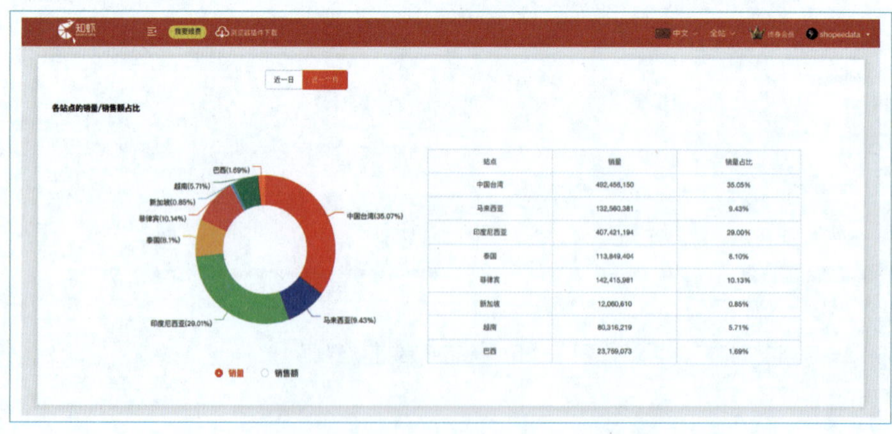

站点	销量	销量占比
中国台湾	492,456,150	35.05%
马来西亚	132,560,381	9.43%
印度尼西亚	407,421,194	29.00%
泰国	113,849,404	8.10%
菲律宾	142,415,981	10.13%
新加坡	12,060,610	0.85%
越南	80,316,219	5.71%
巴西	23,759,073	1.69%

图 7-17　平台各站点近 30 日销量占比

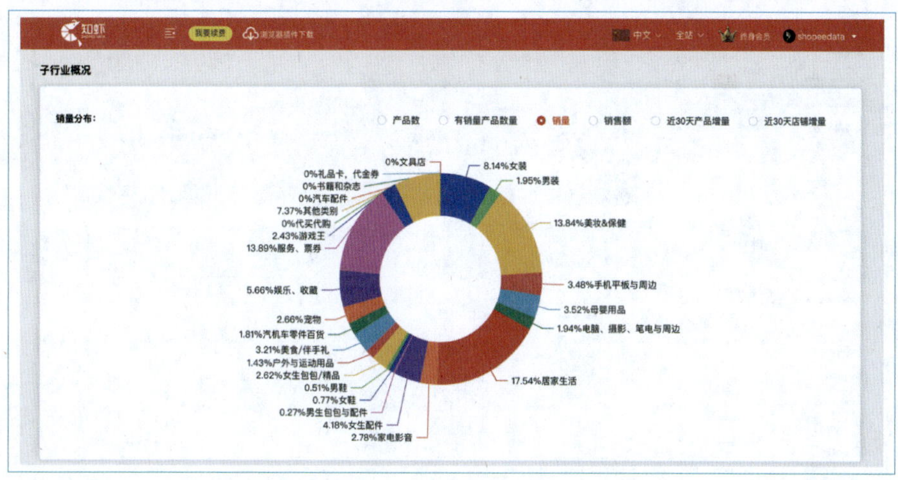

图 7-18 平台子行业近 30 日销量占比

7.2.2 大数据智能选品

1. 分站点分析——行业分析

以中国台湾站点为例，通过分站分析的行业分析，从一级类目到三级类目逐步深入分析不同维度的数据，利用行业对比快速挖掘优势蓝海类目且适合自身的行业（见图 7-19、图 7-20）。

2. 分站点分析——产品分析

在确定行业类目后，分析该类目下产品销售情况及趋势，查看热销店铺、飙升店铺，参考热销店铺的运营策略、好卖的商品、销量价格的分布，逐步完成借鉴和参考（见图 7-21）。

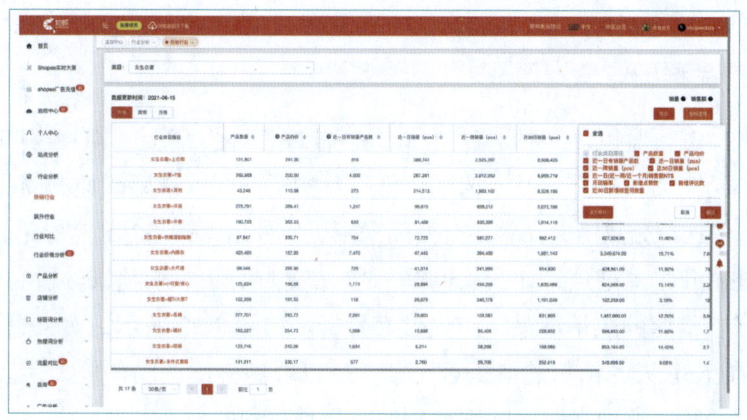

图 7-19 分站点行业分析

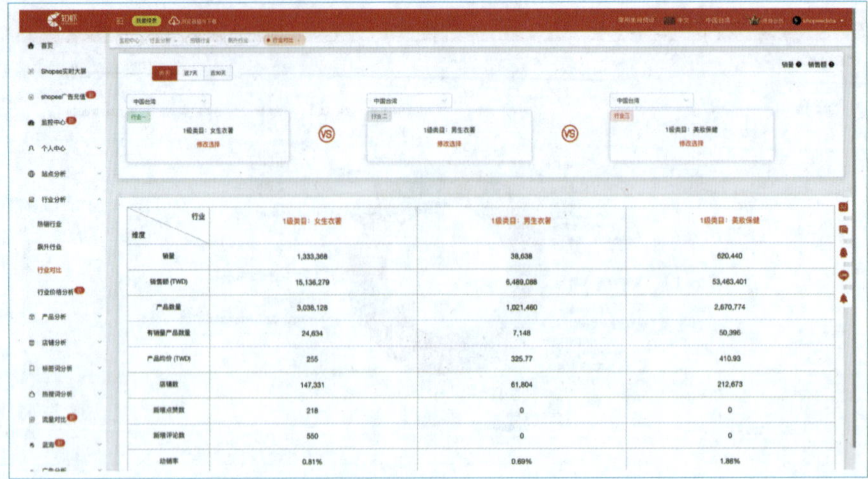

图 7-20　分站点一级类目行业对比

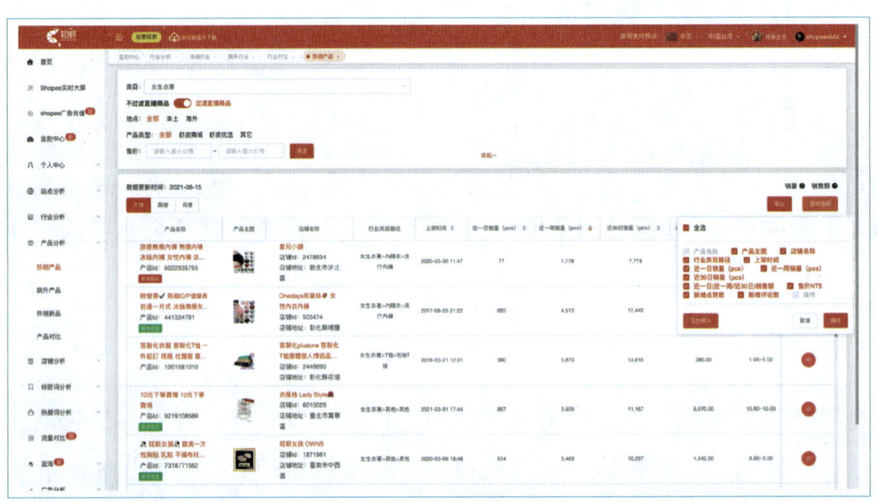

图 7-21　分站点热销产品榜单

3. 查看产品详细信息步骤

通过对产品进行监控，实时了解产品的销售数据变化、产品 SKU、引流词分析。关注该类目下热销商品和飙升商品，选择自己具备的货源同款或感兴趣的商品，是最直接的选品方式，但这部分热销商品和飙升商品采用了何种运营策略？是选品后需要思考的。

卖家需注意几个关键点，如产品追踪、产品 SKU 分析、引流词分析、销售趋势等。对于拟跟卖或者借鉴的热销商品，应先做好分析。如图 7-22 所示，卖家想要销售同款，首先查看目前近 30 天的销售趋势是否正常，可以看到整体波动比较大，但是近期有很大幅度的上涨趋势，那现在跟卖同款或相似产品是有利的。

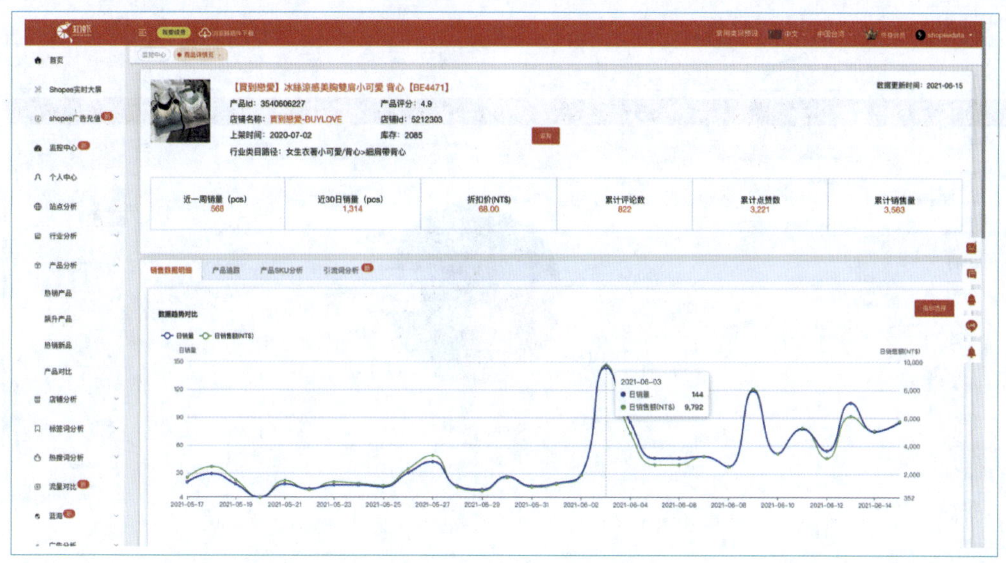

图 7-22　分站点产品详情

确定销售同款商品，就需要进一步分析引流词。图 7-23 中有多个引流词，可以两两对比引流词排名，挑选适合自己的引流词。引流词排名超过前 100 名的都是具备参考价值的，当然排名越靠前越好。

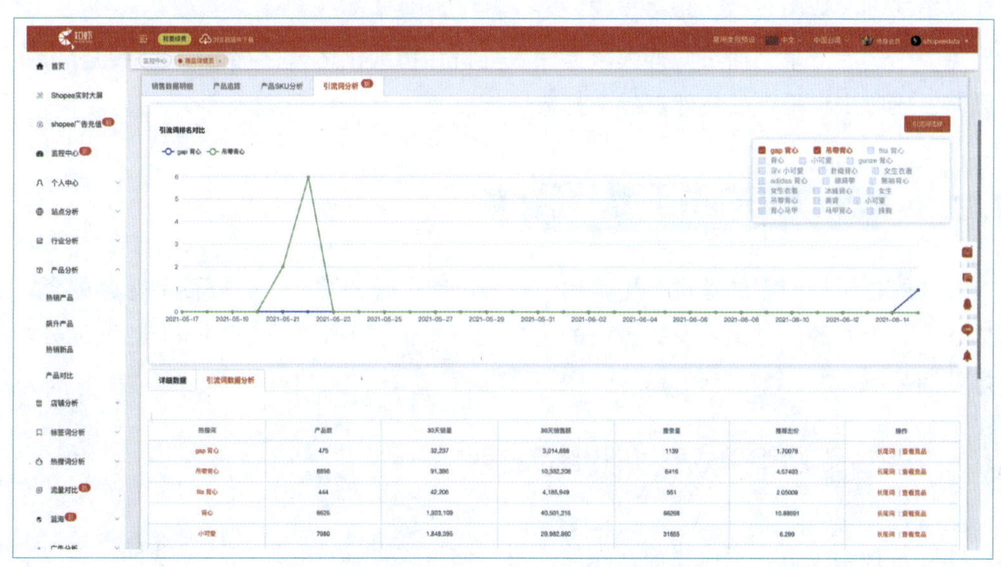

图 7-23　分站点引流关键词分析

引流词挑选好，接下来就是考虑同款什么 SKU 卖得好，对于卖得不好的 SKU 可以直接不选用或少备货。对于热销的 SKU 多备货，并且主图设计上做主要展示。图 7-24 中，商品一共 4 个 SKU，黑色款是最热销的，卖家上同款可以用黑色款为主，其他款作为辅助营销，效果会更好。

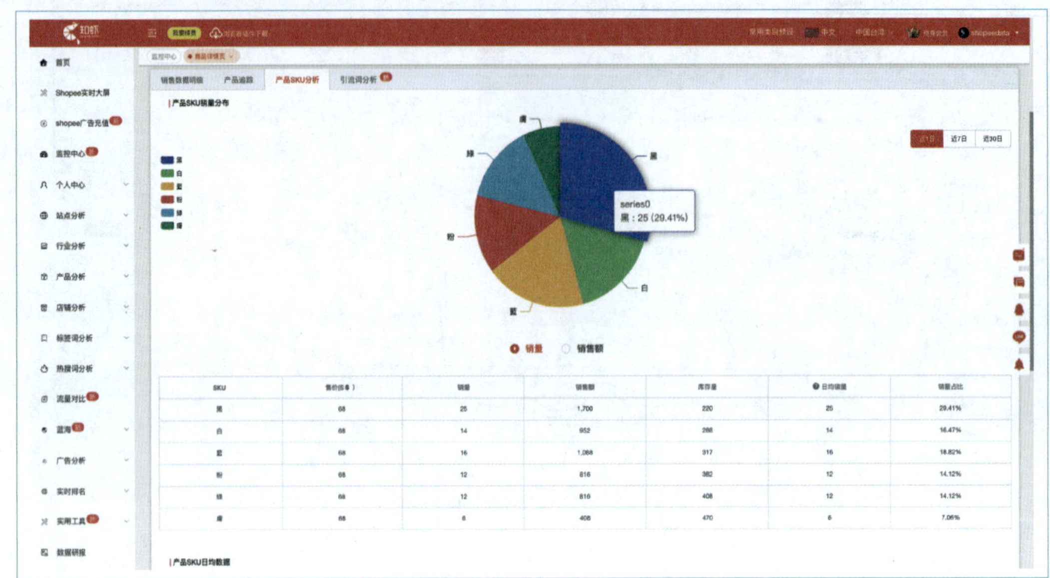

图 7-24　分站点 SKU 分析

此外，销售同款时，需要制定竞品的运营策略，可以通过“产品追踪”了解竞品有哪些促销活动，从中效仿，步步为营。

每一个选品下来，通过知虾大数据深入分析和精细化运营，都可以做到迎合市场流行风向，接收来自平台的自然流量，打造爆款。

7.2.3 选词，迅速引爆店铺流量

标题既是用户搜索的关键，也是用户查看的首要信息之一。做好商品标题就赢在了起跑线。一个好的标题离不开关键词的组合，下面我们了解怎么利用知虾热搜词分析打造爆款商品。

1. 了解商品热销词数据，优化商品标题

知虾热搜词分析，定位目前在做的类目，通过类目筛选获取推荐热搜词，可以按照近 30 天销量或近 30 天销量增长率等维度进行正向排序，当然维度可自己定义。这里以销量为主要导向，按照排序下来发现中国台湾站点，对于简繁字体的搜索有所区别，“女生衣著”和“女生衣着”，前者近 30 天内搜索量 4 845 次，后者近 30 天内搜索量 2 847 次，此处要学会规避，采用前者更占优势（见图 7-25）。

图 7-25 热搜词分析

2. 优化关键词广告推广，长尾词让获得用户更加精准

可以用选定的热搜词进行广告投放，但热搜词由于竞争大，相对广告费用会更高，可以考虑采用热搜词的长尾词进行广告投放，如“女生衣著”这个大词，知虾提供多达十几个长尾词变种，可以选择合乎自己要求的搜索量及推荐出价，挑选性价比的长尾词进行广告投放，避开竞争力的同时，获得更具性价比的展示流量（见图 7-26）。

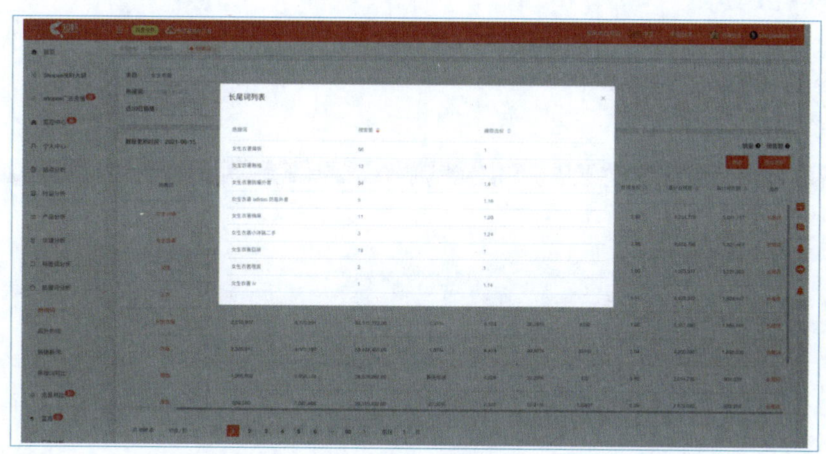

图 7-26 热搜词—长尾词分析

3. 高搜索、低竞争蓝海词汇，避开竞争，获得更多流量

蓝海词汇可作辅助，可以通过“蓝海词”功能进行辅助补充。全类目下 TOP50 蓝海词分布图，字体越大的词蓝海值越高，字体越小，蓝海值越低（见图 7-27）。这里可

以挑选一两个贴合商品的蓝海词进行使用。

图 7-27　蓝海词分析

7.2.4 知虾实用工具

知虾大数据分析软件涵盖功能多，商家可以通过知虾体验更多黑科技，接下来介绍几款知虾实用工具。

1）定价计算。支持货币汇率换算，可计算八大站点的产品藏价、折前和折后定价（见图 7-28）。

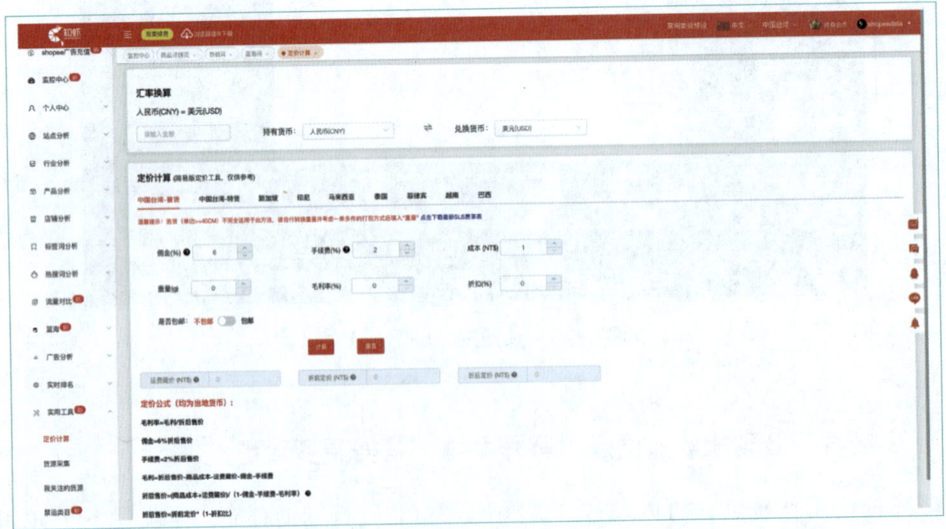

图 7-28　定价计算

2）浏览器数据插件。直接在购物站点查看销量、销售额、价格、排名等数据，快速帮助运营者分析竞品并收集数据（见图 7-29、图 7-30）。

图 7-29　浏览器插件—搜索页展示

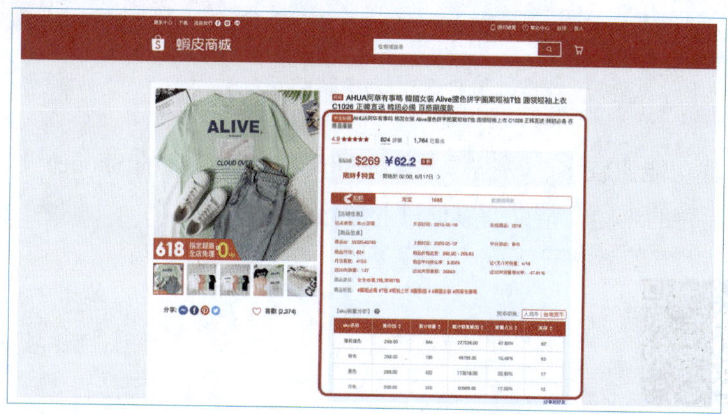

图 7-30　浏览器插件—商品详情页展示

3）货源采集。覆盖 1688、淘宝、拼多多三大货源平台商品搜索，精准锁定爆款，让卖家选品效率更高（见图 7-31）。

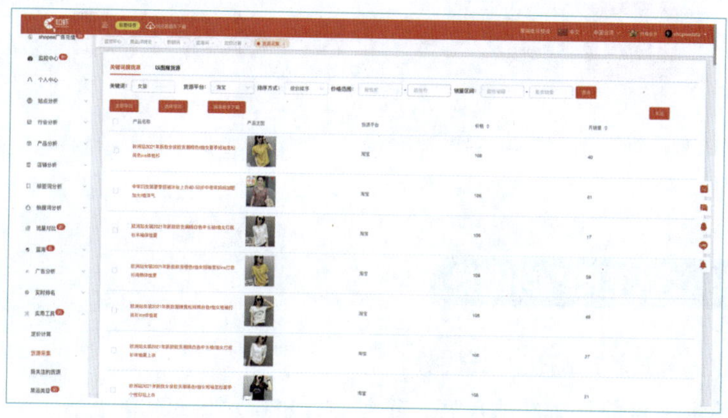

图 7-31　货源采集

4）多店聊聊 App（见图 7-32）。只要一台手机就可以解决客服回复的问题，有效提高回复率，防止订单丢失，下载 App 可以免费绑定 3 个店铺。

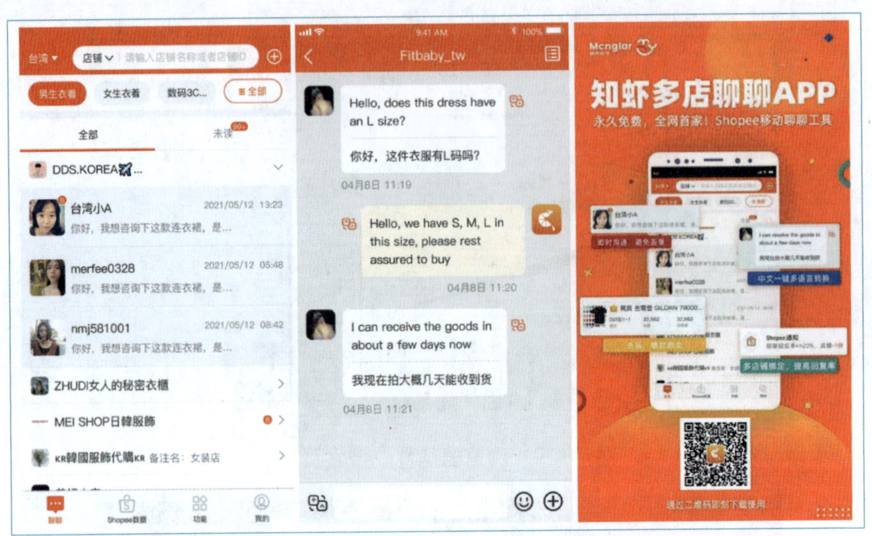

图 7-32　多店聊聊 App

知虾是一款功能比较多、易操作、数据量大且时效性高的 Shopee 生意参谋，能有效地解决电商运营的难题，帮助商家促进业务增长。

	知虾专属注册通道

7.3 马六甲 ERP 软件介绍

7.3.1 马六甲 ERP 的优势

马六甲 ERP 上架新产品快，其优势有：

1）注册简单，目前基础功能免费，每年省 1 880 元～30 000 元；

2）80% Shopee 官方认证培训机构推荐；

3）特色功能免费，帮助卖家提升运营效率，节省运营成本；

4）图片翻译免费，无限绑定店铺，无限采集免费（支持拼多多采集）；

5）商品自动置顶，自动获粉软件免费（见图 7-33）。

多维度数据报表责任到人

9 数据分析

5天Shopee最快入驻绿色通道

1 开店

8 财务

精准到SKU的利润报表

马六甲

做Shopee就用马六甲ERP 上架新产品更快

免费无限采集刊登工具

免费图片翻译　无限绑定店铺

跨境店物流自动藏价　无限采集

商品自动置顶免费　99%采集成功率

2 采集刊登

7 仓储物流

TMS国际物流系统

WMS海外仓系统

优选高性价比、服务有保障的货代服务商和本土仓

3 选品

大卖的团队或Shopee官方认证讲师不定期免费干货分享

6 采购

一件采购M2B供应链系统

价格优于1688产业带供应链

4 营销

5 订单

精准营销工具

大卖1对1广告分析辅导

免费聊聊客户CRM管理

粉丝插件免费

营销水印

一体化的订单管理系统

出单后,根据商品原链接自动采购;

一键自动发起代打包，自动同步货源平台订单状态及物流信息;

智能订单处理，异常订单拦截，智能拆单合并;

滞销品一键清除，自动热门商品添加;

智能客服24小时自动回复

图 7-33　马六甲 ERP 优势

7.3.2 卖家如何使用马六甲 ERP

基本流程：注册登录—授权店铺—采集认领—商品编辑—商品刊登。

1. 注册账户并登录

扫一扫，注册马六甲 ERP

2. 绑定站点

支持 Shopee 所有站点绑定，数量不限，步骤如下：

点击“授权”—“授权店铺”或“授权全球店铺”，输入店铺账号和密码登录（见图 7-34）。

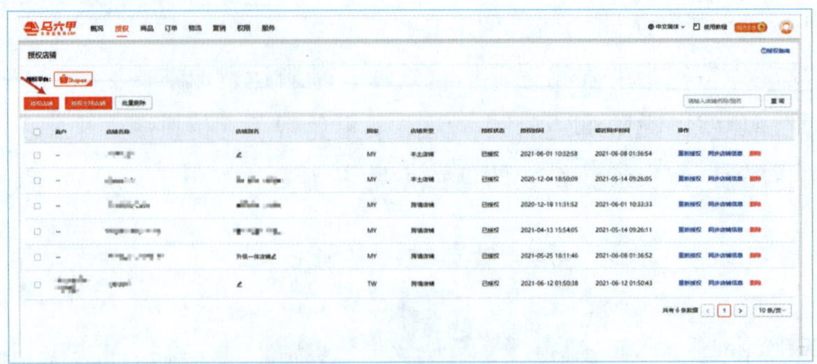

图 7-34　授权店铺界面

3. 无限采集

1）支持对 Shopee、Lazada、拼多多、1688、淘宝、天猫、速卖通等主流平台采集（见图 7-35）。

图 7-35　支持主流平台采集

2）支持链接采集、全店采集、平台采集、插件采集，1 分钟内采集上千条商品信息，采集数量不限（见图 7-36）。

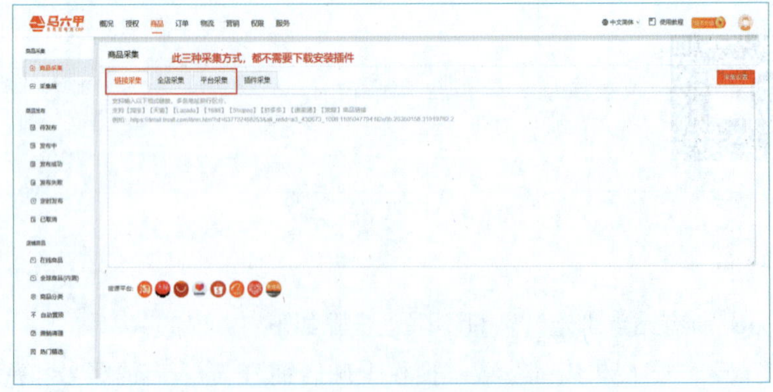

图 7-36　商品采集界面

3）认领到店铺。

	插件采集，扫一扫二维码查看

4. 商品编辑

1）点击“待发布”，选择特定商品后，点击“编辑”；或者可以选择多个商品后，点击“批量编辑”（见图 7-37）。

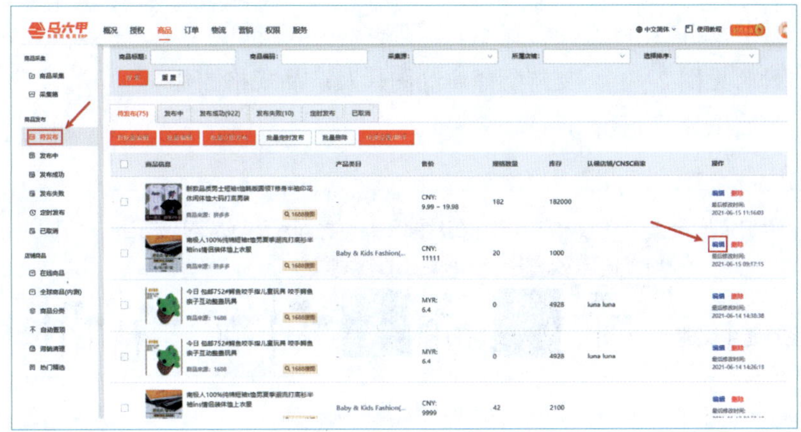

图 7-37 商品编辑界面

2）在商品编辑页面，点击“一键翻译”，可将标题、规格、描述等文本翻译成英语或当地小语种（见图 7-38、图 7-39）。

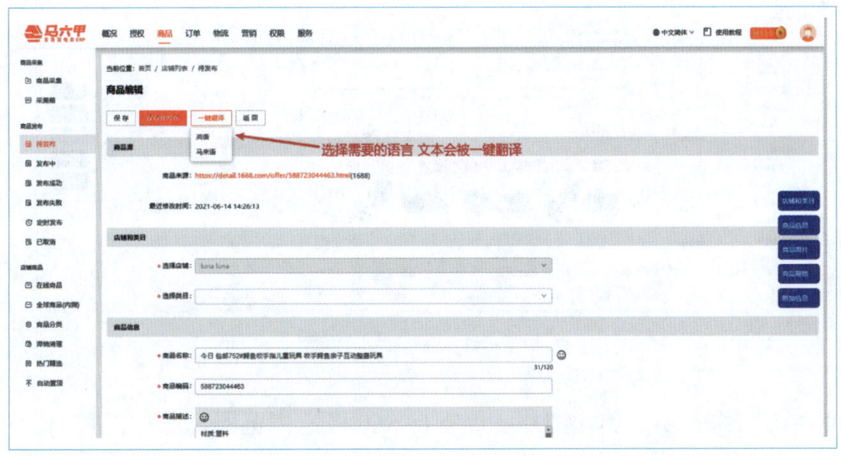

图 7-38 一键翻译前

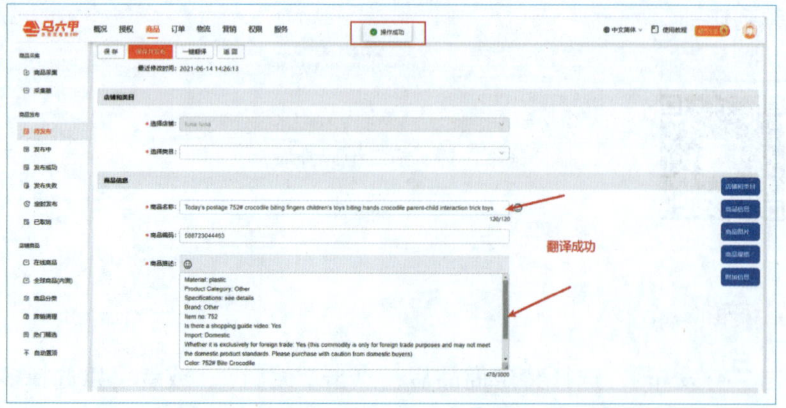

图 7-39　一键翻译后

3）免费图片翻译：可直接将从 1688 等货源网采集的中文图，一键转化为英文或其他当地小语种（见图 7-40）。支持翻译产品图片及产品规格图片。

注意：每张图片只能翻译一次。

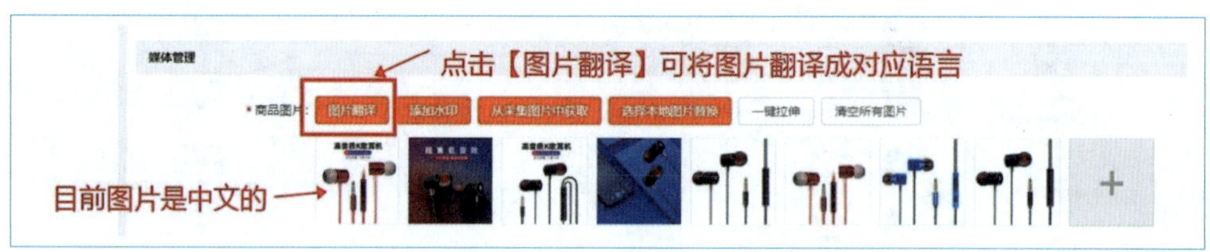

图 7-40　图片翻译界面

4）添加水印：可在图片中添加设置好的水印（见图 7-41）。

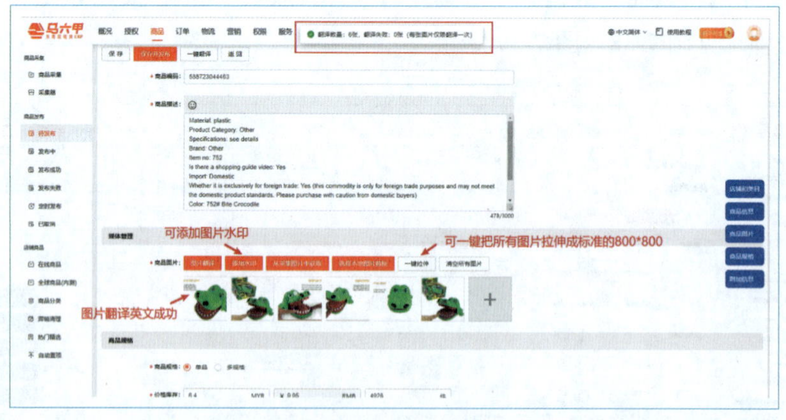

图 7-41　添加水印界面

5）使用美图秀秀功能美化图片（仅支持 360 极速浏览器）。点击图 7-42 中的图标，页面将会跳转到美图秀秀编辑页，编辑后可自动回传到马六甲 ERP。

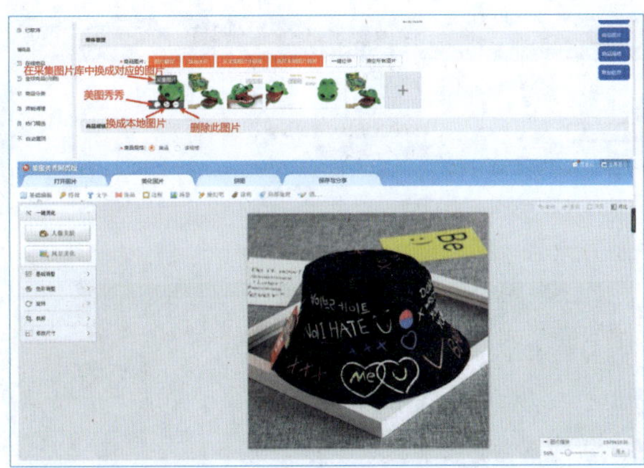

图 7-42　使用美国秀秀美化图片

6）商品规格：可对商品规格类型、名称、价格、库存等信息进行设置（见图 7-43）。

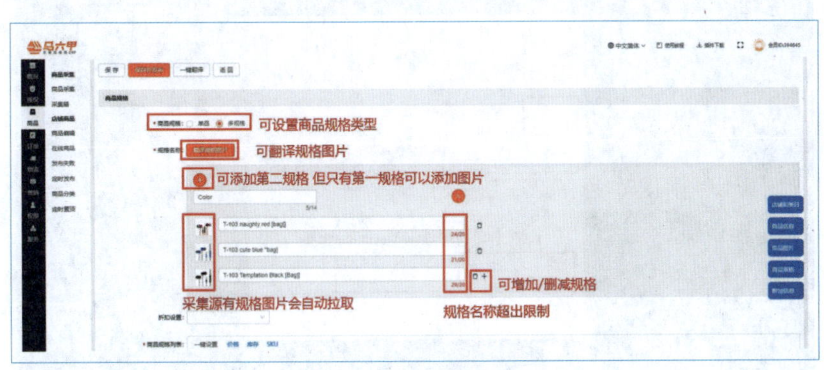

图 7-43　商品规格设置

7）支持统一定价、定价公式、定价模板 3 种定价方式，跨境物流自动藏价（见图 7-44 至图 7-47）。可设置定价模板，根据输入的“商品重量”，套用设置好的定价模板，一键定价。

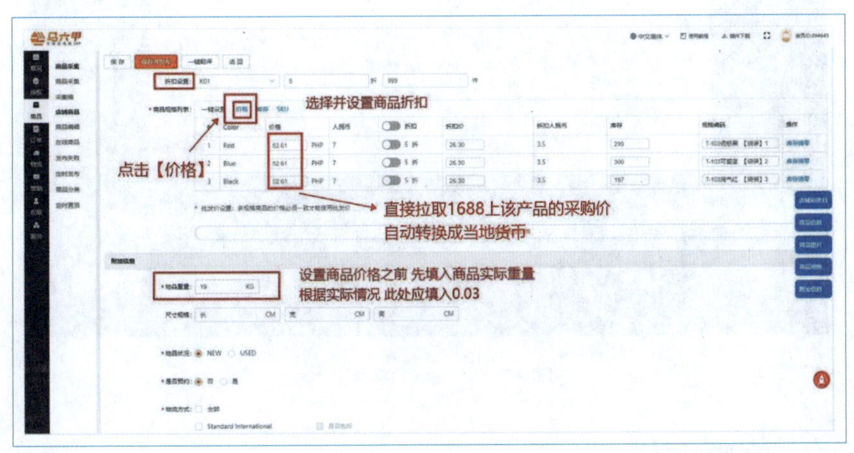

图 7-44　定价设置（1）

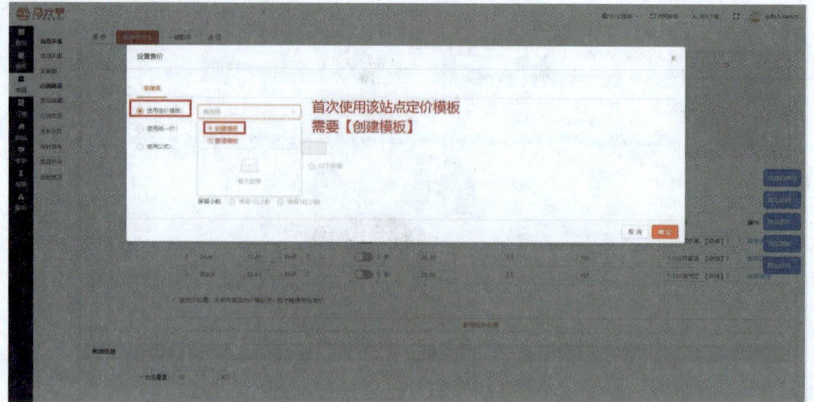

图 7-45　定价设置（2）

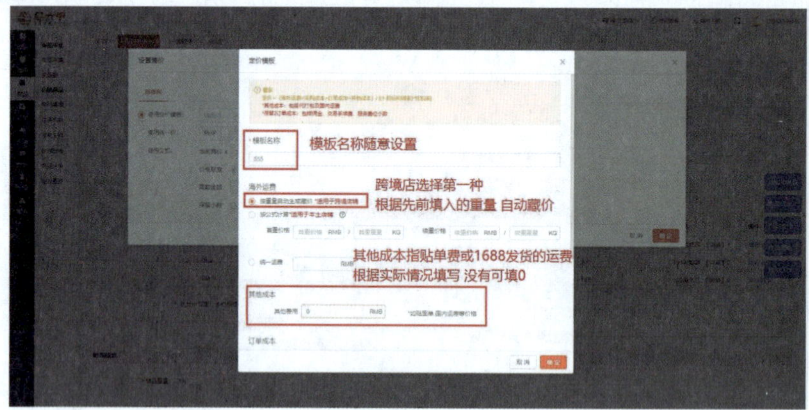

图 7-46　定价设置（3）

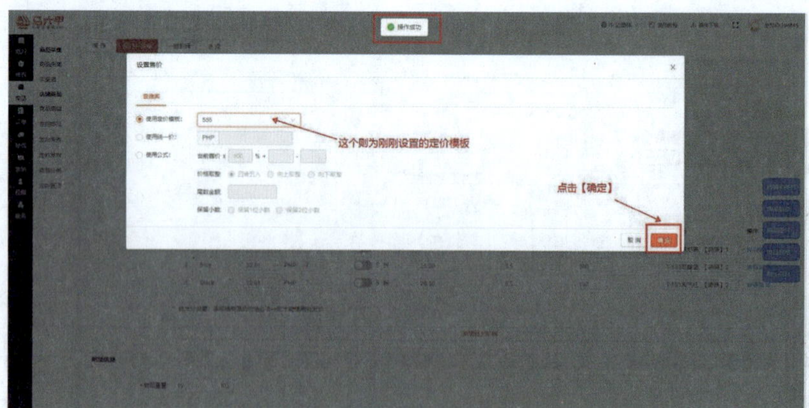

图 7-47　定价设置（4）

8）保存商品编辑信息。

7.3.3 商品刊登

普通店铺：商品编辑完成后，可点击发布，刊登到 Shopee 平台。发布成功后，点击“店铺商品”—“在线商品”，即可查看商品（见图 7-48）。

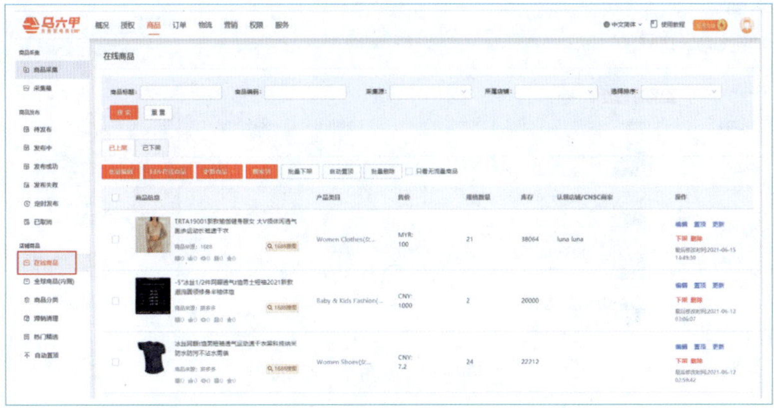

图 7-48　在线商品界面

全球店铺 CNSC：商品编辑完成后，可点击发布，上传到“全球商品”列表，进而选择店铺发布（见图 7-49）。

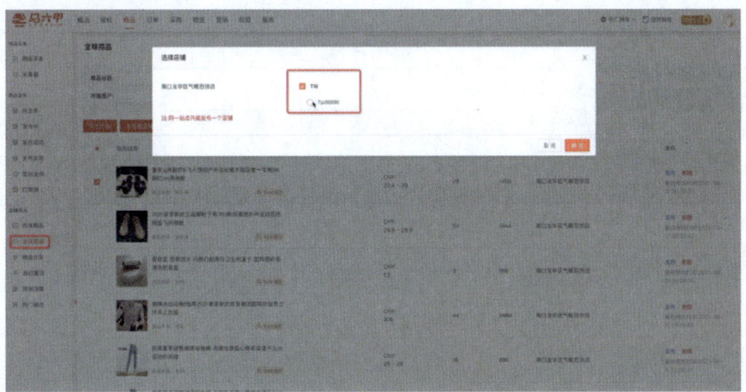

图 7-49　全球商品界面

全球店铺注意事项见图 7-50。

⚠ **注意**

- **只能在全球商品修改的商品属性：商品重量、包裹尺寸、商品保存状况、货号和商品数量。**
- 可以在**全球商品/店铺商品**修改的商品属性：商品名称、描述、规格选项与名称、品牌、图片、发货时间、价格。
- 需要注意的是，在发布店铺商品时，系统默认打开**所有支持的物流渠道。**

图 7-50　全球店铺注意事项

若发布失败，可点击“商品发布”—“发布失败”，查看发布失败原因，而后点击“编辑”，排除问题后可重新发布（见图 7-51）。

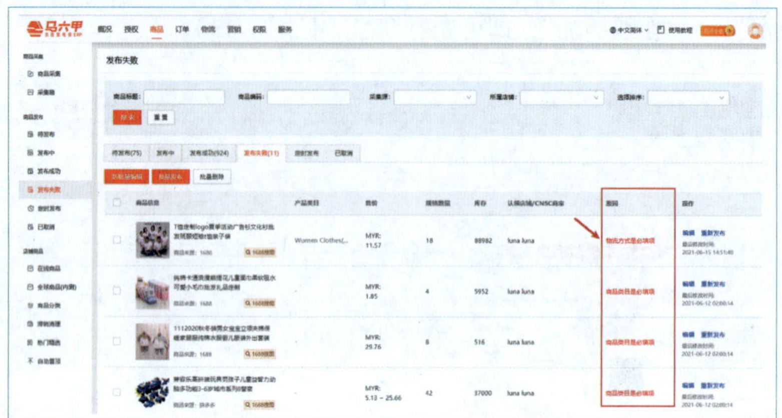

图 7-51　发布失败界面

实战训练

下载马六甲 ERP 软件，参考前文提示，在电脑进行相关设置并使用。

参考文献

REFERENCES

[1] 刘存丰 .Lazada 与 Shopee 跨境支付模式比较研究——基于中国出口商视角 [J]. 科技经济市场，2020(9)：118-121.

[2] 郑建辉 .Shopee 跨境电子商务平台在我国的发展现状及对策 [J]. 福建质量管理，2019(21)：227.

[3] 陈岳，杭俊，陈婷等. 东南亚地区跨境电商选品策略 [J]. 合作经济与科技，2020(17)：80-82.

[4] 白薇 . 关于中小微企业跨境电商平台店铺运营的研究——以 Shopee Kindess 94 店铺为例 [J]. 现代经济信息，2019(21)：340.

[5] 施清芳 ."一带一路" 背景下我国农产品跨境电商出口的实践研究——基于 Shopee 平台实践 [J]. 全国流通经济，2019(31)：14-15.

[6] 国务院办公厅 . 国务院办公厅关于促进跨境电子商务健康快速发展的指导意见 [EB/OL].http: //www.gov.cn/zhengce/content/2015-06/20/content_9955.htm，2015-06-20.

[7] 阿里研究院 . 中国跨境电商人才研究报告 [EB/OL].http: //www.100ec.cn/detail--6254680.html，2015-06-02.

[8] 360 百科 . 亚马逊 [EB/OL].https: //baike.so.com/doc/5332001-5567303.html,2020-03-31.

[9] 赛盒科技 . 跨境电商一体化解决方案 [EB/OL].https: //www.irobotbox.com/2021-3-1.

[10] 知虾 .Shopee 生意参谋可以做什么 [EB/OL].http: //mobduos.com/Shopee.html，2021-03-10.

[11] 芒果店长 . 多平台网店集成运营 ERP[EB/OL].http: //www.mangoerp.com/index，2021-03-12.

[12] 百度百科 . 阿米巴经营管理模式 [EB/OL].https: //baike.baidu.com/item/ 阿米巴经营管理模式 /6390730，2020-09-06.

[13] 雨果跨境 .Keyword Snatcher[EB/OL].https: //www.cifnews.com/tag/keywordsnatcher，2020-09-01.

图书在版编目（CIP）数据

跨境电商Shopee实战 / 钟景阳，张立群主编. -- 北京：中国人民大学出版社，2021.11

ISBN 978-7-300-29939-6

Ⅰ. ①跨…　Ⅱ. ①钟…　②张…　Ⅲ. ①电子商务—教材　Ⅳ. ①F713.36

中国版本图书馆CIP数据核字(2021)第199514号

跨境电商Shopee实战

主　编　钟景阳　张立群

Kuajing Dianshang Shopee Shizhan

出版发行	中国人民大学出版社		
社　　址	北京中关村大街31号	邮政编码	100080
电　　话	010-62511242（总编室）		010-62511770（质管部）
	010-82501766（邮购部）		010-62514148（门市部）
	010-62515195（发行公司）		010-62515275（盗版举报）
网　　址	http://www.crup.com.cn		
经　　销	新华书店		
印　　刷	天津鑫丰华印务有限公司		
规　　格	185mm × 260mm　16开本	版　　次	2021年11月第1版
印　　张	11.25 插页1	印　　次	2021年11月第1次印刷
字　　数	229 000	定　　价	42.00元